U0111044

鑑賞系列

10

古銅鏡

（古銅鏡鑑定收藏入門）

鑑賞與收藏

◉郝顏飛 編著

品冠文化出版社

國家圖書館出版品預行編目資料

古銅鏡鑑賞與收藏 ／ 郝顏飛 編著
——初版，——臺北市，品冠文化，2015〔民104.03〕
面；26公分 ——（鑑賞系列；10）
ISBN 978－986－5734－20－6（平裝）

1.銅鏡 2.蒐藏品 3.中國
793.4　　　　　　　　　　　　　　　　103026435

古銅鏡鑑賞與收藏

編　　者／郝顏飛

責任編輯／劉三珊

發 行 人／蔡孟甫

出 版 者／品冠文化出版社

社　　址／台北市北投區（石牌）致遠一路2段12巷1號

電　　話／（02）28233123・28236031・28236033

傳　　眞／（02）28272069

郵政劃撥／19346241

網　　址／www.dah-jaan.com.tw

E－mail／service@dah-jaan.com.tw

承 印 者／淩祥彩色印刷有限公司

裝　　訂／承安裝訂有限公司

排 版 者／弘益電腦排版有限公司

授 權 者／安徽科學技術出版社

初版1刷／2015年（民104年）3月

定 價／500元

前　言

　　銅鏡是中國古代用於梳妝整容的生活用品。中國銅鏡文化歷史悠久，源遠流長。最早的銅鏡見於金石並用時期的齊家文化，距今約四千年，後歷經商周、春秋戰國、漢、唐，直到明清，才被玻璃鏡取代而退出了歷史舞臺。

　　中國銅鏡伴隨著人們的日常生活長期流行，隨著社會的發展，被賦予了文化藝術及宗教內涵，成爲深受人們喜愛、收藏、研究的珍品，是中國古代文化遺產中的一朵奇葩。

　　中國的銅鏡有圓形、方形、花瓣形、鼎爐形、帶柄形等多種形制，正面磨光發亮用以妝飾整容，背面大多鑄有花紋和鏡鈕，鈕上有孔，可以穿繫懸掛。鏡背紋飾精美華麗，圖文豐富多彩，既有龍、鳳、龜、虎、牛、馬、鹿、魚等動物紋樣及花卉、樹木、草葉等植物紋樣，也有線條組成的幾何紋樣以及人物故事等圖案。銅鏡銘文內容豐富，既有祝福、祈福的吉祥語，也有工匠名氏、造鏡局坊及鑄鏡年代。

　　銅鏡個體雖小，但其方寸之間，卻變化無窮，凝聚了豐富的歷史文化內涵。銅鏡上的紋飾和銘文，折射出古人的審美意識，體現著古人豐富的想像力和卓越的創造力，反映了當時社會的政治、經濟、文化藝術特徵和社會風尚，具有很高的歷史價值與藝術價值。

　　透過對銅鏡形制、花紋及銘文的研究，可以瞭解我國古代不同時期的鑄造技術、工藝美術、工官制度、思想意識等。銅鏡上的紀年銘是判斷出土器物年代的重要借鑒和依據，在考古學上具有重要意義。

　　早在北宋時期，中國就有了對銅鏡的收藏和研究方面的記載，如北宋王黼編纂的金石學著作《宣和博古圖錄》，著錄了113面銅鏡；沈括《夢溪筆談》

用光學原理來解釋古鏡。至清代，有梁詩正等所編的《西清古鑒》和《西清續鑒》等，共著錄清宮所藏古鏡鑒293面。

近代，專門研究輯錄古鏡的圖錄書籍不斷問世，如梁上椿的《岩窟藏鏡》、梅原末治的《漢以前的古鏡的研究》、羅振玉的《古鏡圖錄》等。其中，梁上椿編著的《岩窟藏鏡》是當時國內水準最高的一部銅鏡專著，該書共收錄歷代銅鏡624面，較爲清晰和準確地排列了古代銅鏡的先後發展次序。

近幾十年來，隨著中國考古事業的蓬勃發展，各類銅鏡大量出土，著錄古鏡的圖錄和書籍不斷增多，使中國銅鏡的研究進入了一個新階段。

本書作者在前代研究成果的基礎上，結合自己多年文博工作的經驗與體會，從收藏入門的角度，介紹了中國古代銅鏡的基本知識及銅鏡仿古作僞等鑒別方面的基本常識；並對中國古代銅鏡的時代特徵予以闡釋，以期對讀者收藏和鑒賞銅鏡有所幫助。由於才疏學淺，書中難免有不妥之處，敬請讀者指正。

編著者

目　錄

第一章
銅鏡基礎知識

一、銅鏡的起源與發展

「鏡」，《說文》釋為「鏡，景也」，段注曰「景，光也。金有光可以照物謂之鏡」，《廣雅》云「鑑謂之鏡」。「鏡」與「監」「鑒」可以互相借用，郭沫若先生在《三門峽出土銅器二三事》中提到：「古人以水為監，即以盆盛水而照容，此種水盆稱為監，以銅為之則為鑒。」

遠古時期，人們借助自然界的水來觀察自己的容貌。中國最早的文字甲骨文中已有「鑒」字，字作「𥃀」或「𥃟」，字形像一個蹲坐的人側面對著器皿俯視照面狀。古文獻《尚書》《國語》《莊子》等也有周人「鑒於水」的記載，如《國語·吳語》「王其蓋亦鑒於人，無鑒於水」，《莊子·德充符》「人莫鑒於流水，而鑒於止水」等，可見，中國先民最初曾以器皿盛水照容。

銅鏡的起源據文獻記載，可以追溯到傳說中的黃帝時代。《黃帝內傳》載：「帝既與西王母會於王屋，乃鑄大鏡十二面，隨月用之。」《述異記》也有關於鑄鏡的傳說：「饒州俗傳，軒轅氏鑄鏡於湖邊，今有軒轅磨鏡石，石上常潔，不生蔓草。」可見，古人把銅鏡的創造和使用說成起始於黃帝。

從考古發現的實物資料看，現今發現最早的銅鏡是甘肅廣河齊家坪出土的素鏡和青海貴南尕馬台出土的七角星紋鏡，二者均屬齊家文化銅鏡。這兩面齊家文化銅鏡雖形體都較小，且外表粗糙，造型、裝飾均較原始，但它已是背帶小鈕的銅鏡，反映了中國古代銅鏡在形制上的民族特點。

商代銅鏡，目前經考古發現的有5面：殷墟婦好墓出土的兩面葉脈紋鏡、兩面多圈凸弦紋鏡，還有一面是1934年在殷墟出土的平行線紋鏡。

商代青銅鑄造業雖發展迅速，有大量的青銅禮器、用具出現，但銅鏡卻極少，且其紋飾與一般商代銅器上的花紋不一樣。

婦好是殷王武丁的配偶，即妣辛，從她的墓中出土的四面銅鏡均不精緻，這反映了那個時期的銅鏡工藝還處於初級階段。但那個時期的銅鏡已有了凸面鏡，這就把凸面鏡出現的歷史提前了1000年。

青銅鏡在戰國時期得到很大發展，其圖案紋飾和製作技法在那一時期都有了明顯的提高。戰國時期銅鏡紋飾多種多樣，有動物紋（蟠螭紋、鳳鳥紋、饕餮紋等）、植物紋（花葉紋、花瓣紋等）和幾何紋（山字紋、雲雷紋、菱形紋等）。其中，山字紋鏡通常以飾山字形數量命名，以三山鏡、四山鏡為多；蟠螭紋（也叫龍紋）鏡相當流行，主紋蟠螭互相纏繞，連綿不斷。

絕大多數戰國銅鏡的紋飾是在鑄鏡時一併鑄成的，也有少量銅鏡的紋飾用彩繪、鑲嵌玉石、錯嵌金銀等方法做出。此外，那一時期在紋飾構圖上還產生了單純地紋鏡和有主紋、地紋區別的多重紋飾鏡。

漢代銅鏡鑄造也得到了發展。漢代銅鏡種類繁多，主要有草葉紋鏡、星雲紋鏡、日光鏡、昭明鏡、規矩鏡、畫像鏡等，紋飾題材達到前所未有的豐富。銘文鏡在漢代業已出現，銘文的內容主要表達人們祈求吉祥富貴、子孫繁昌和高官厚祿的願望。

漢代銅鏡構圖一般是單層紋飾，不用地紋。西漢時期大多用單線勾勒紋飾輪廓，為平面紋飾；東漢中期以後出現高浮雕紋飾。

從裝飾手法上，一般分為內外兩區和寬緣，多採用中心對稱的四分法佈局，即以四個乳釘為基點，在四個分區內佈置主題紋飾，如四乳四虺紋、四乳禽獸紋等。

西漢晚期，銅鏡紋飾又有新突破，以四神（青龍、白虎、朱雀、玄武）為中心，與形態各異的禽鳥紋和瑞獸紋組成銅鏡的主題紋飾，寬緣多加飾紋飾或銘文帶。東漢晚期銅鏡紋飾佈局還出現了「軸對稱」的新方式。

唐代是中國古代銅鏡發展的全盛時期。唐代銅鏡在造型上突破了漢式鏡，創造出各種花鏡如菱花、葵花、亞字形、圓形有柄鏡等，並製作了金銀平脫鏡、嵌螺鈿鏡、金背鏡、銀背鏡等特種工藝鏡。

唐代銅鏡題材以花鳥及民間故事為主，圖案除了傳統的瑞獸、鳥獸、畫像、銘文等紋飾外，還增加了表現西方題材的海獸葡萄紋及表現現實生活的打馬毬紋等。唐代銅鏡紋飾已從圖案發展為繪畫，佈局清新明朗、流暢華麗、自由活潑。

唐代以後的鑄鏡業日趨衰落，青銅鏡的合金成分有了較大的變化，含錫量明顯減少，而含鉛量大增。

中國古代將鏡稱之為「照子」，始見於宋。考其緣由，當與避宋太祖趙匡胤祖父趙敬的「敬」字有關。宋代銅鏡的鏡形除了沿用唐、五代的鏡形外，還出現了前所未有的新鏡形，如鐘形、盾形、桃形、鼎形等。

此期銅鏡進一步商品化，注重實用，不崇奢華。器體輕薄，裝飾簡潔。圖案採用細線淺雕，鏡背多鑄有花鳥魚蟲、人物故事、山水樓閣等圖案紋飾，亦有光素無紋者。在鏡背素地上標注鑄鏡地區和鑄家名號的銅鏡是宋鏡中最具特點的鏡類。

金代銅鏡分仿製和自製鏡兩大類。仿鏡中有仿漢的日光鏡、昭明鏡、規矩鏡等，仿唐的瑞獸葡萄鏡，還有仿宋鏡。雙魚鏡在金代最為流行，金鏡中的雙魚繞鈕而列，鼓腮吐水，首尾相銜。童子鏡是金代獨創的銅鏡藝術，三五童子稚樸有趣，或採蓮，或持花，或攀花，花枝纏繞，一派祥和。

金代銅禁很嚴，銅鏡要經過官府檢驗，多數銅鏡刻有官署檢驗的款識，這是金代銅鏡最明顯的標誌。

元代銅鏡多沿襲宋金銅鏡，種類不多。元代銅鏡創新鏡類較少，形狀多為圓形、帶柄形。常見紋飾有雙龍、雙鳳、人物故事、童子戲花等，此外還有舞臺戲文、梵文等。

明代銅鏡多為圓形，內容豐富，紋飾題材廣泛。除傳統的龍紋、雙魚紋、人物故事紋外，吉祥圖案和吉祥文字是這一時期最具特色的題材。明代末期，西方玻璃鏡傳入中國。到了清代中期以後，玻璃鏡取代了銅鏡。此後銅鏡雖偶有所作，也僅是作為延續傳統象徵性的陪嫁之用，質量與前代銅鏡已經不可同日而語。

二、銅鏡分類定名及各部分稱謂

中國銅鏡年代久遠，款式繁多，紋飾豐富。其分類也各不相同，如按年代可分為戰國鏡、漢鏡、唐鏡、宋鏡等，按鏡形可分為圓鏡、方鏡、菱花鏡、葵花鏡、亞字鏡、帶柄鏡等，按紋飾可分為人物鏡、動物鏡、植物紋鏡、幾何紋鏡、素鏡等。但總的是以年代和紋飾相結合而定名。

銅鏡主要由鏡面、鏡背、鏡鈕三部分組成，各部位均有其約定俗成的稱謂，分別為鏡形、鏡面、鏡背、鏡鈕、鈕座、內區、外區、鏡緣、圈帶、銘帶等。

1.鏡　形
中國古代銅鏡以圓形為主，唐代開始出現菱花形、葵花形等花式鏡。宋代銅鏡外形變化最多，如鐘形、爐形、鼎形等只在宋代出現。

2.鏡　面
鏡面指銅鏡的正面，一般呈微凸或平坦狀，表面光滑明亮，用來妝飾整容。

3.鏡　背
鏡背指銅鏡的背面，大致分為有紋飾和無紋飾兩種。有紋飾的一般鑄有花紋或銘文，無紋飾的稱為素鏡。

4.鏡　鈕
鏡鈕一般在鏡背的中央，多為半球鈕形，還有弦紋弓形鈕、連峰鈕、龜鈕、獸鈕、銀錠形鈕等。其中，鏡背有三至四個鈕的為多鈕鏡。鈕上均有孔，繫上繩帶，以供手拿或便於繫在鏡架上。

5.鈕　座
鈕座為鈕外裝飾，主要有圓鈕座、方鈕座、連弧鈕座、四葉鈕座、連珠鈕座、花瓣鈕座等。

6.內　區
內區指靠近鈕座的一圈。

7.外　區
外區指靠近鏡緣的一圈。

8.鏡　緣
鏡緣是指鏡子的最外緣部分。戰國以前銅鏡無明顯裝飾，漢代的鏡緣多有華麗而繁複的圖案裝飾。

9.圈帶、銘帶
圈帶、銘帶是指以鏡鈕為中心，形成的一圈紋飾帶或銘文帶。

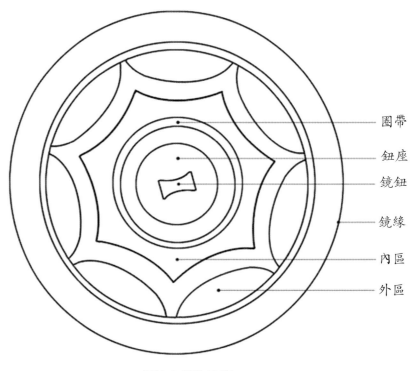

圈帶
鈕座
鏡鈕
鏡緣
內區
外區

銅鏡各部位示意

三、銅鏡的製作和使用

(一)銅鏡的製作

銅鏡與其他青銅器一樣，是由合金體製成的。銅鏡的合金成分主要是銅、錫、鉛三種。其中，銅的可塑性好但硬度不高，容易磨損，且熔點高達1083℃；錫的展性好，熔點為232℃；鉛的熔點為327℃。

在銅鏡的合金成分中，加錫、鉛可以降低熔點，加錫可以增加硬度，並增強鏡子的致白度，使之有光澤。鉛具有冷卻較慢且不收縮的性質，加鉛可使合金溶液在鏡範中環流良好，使鏡子的表面勻整，背面花紋整齊清晰，並可減少銅錫合金溶解時的氣泡，避免砂眼等瑕疵的產生。

《考工記》載青銅合金比例「金有六齊……金錫半，謂之鑒燧之齊」。從對大量的青銅鏡合金比例的實際分析結果來看，銅的含量都在66.67%之上，而錫鉛含量則在30%左右。宋以後的銅鏡往往摻鋅。

古代銅鏡製作多採用「範鑄法」，「範鑄」主要是泥範，石範較少，可能還用過失蠟法。泥範材料主要是黏土和沙子，造型方法有模印和雕塑等。

泥範鑄造主要使用側立頂注法：鑄鏡時，將正、背兩片陶範合而為一，直立，由鏡範外緣將銅液徐徐注入，待溶液冷卻後，將兩片範分開，就可取出銅鏡了。日本梅原末治《漢三國六朝紀年鏡圖說》錄有東漢建安元年（196年）半圓方枚神獸鏡和無紀年畫像鏡的兩個鏡範；梁上椿《岩窟藏鏡》錄有獸地紋四山鏡和草葉紋鏡的鏡範；新中國成立以

後，山西等地也出土過鑄造銅鏡的泥範。

　　銅鏡鑄成後，還需磨光。《淮南子・修務訓》載：「明鏡之始下型，矇然未見形容，及其粉以玄錫，摩以白旃，鬢眉微毫可得而察。」《呂氏春秋・達郁》中也有「先秦兩漢時，人們用白旃蘸著『玄錫』來磨鏡開光」的記載。漢鏡中還有「和以銀錫清且明」「和以玄錫清且明」的銘文。

　　「玄錫」，即灰錫，是金屬錫在低溫條件下轉變成的同素異形體，呈粉末狀。鑄成後的銅鏡在經玄錫進行表面處理後，再用水銀在鏡面作反光材料。

任薰《劍俠磨鏡圖》（局部）

(二)銅鏡的特殊裝飾工藝

1.透雕

透視鏡是一種用特殊工藝鑄造的複合鏡，其鏡面、鏡背由含錫量不同的銅片分別鑄造，再合為一鏡。透視鏡除圓形外，還有方形。

最早的透視鏡大約出現在春秋晚期，戰國中晚期較為流行。此後，透雕手法的使用一直延續到西漢。

2.彩繪

彩繪是指用毛筆蘸漆液在器物上描繪圖畫的手法，這在新石器時代就有了。在銅鏡背面素地上用彩色描繪出紋樣則始於戰國時期。在湖北、河南、湖南三省發現的楚墓中，已出土了十幾面彩繪鏡。

3.金銀錯

金銀錯是中國古代勞動人民在青銅器上做金銀圖案的方法，目前已發現的主要有兩種，即鑲嵌法和塗畫法。

鑲嵌法又叫鏤金法，指在銅器上鑄成凹形花紋槽，嵌入金銀絲，再將其錯磨平整。

金銀錯青銅鏡主要是塗畫法即描金法製造的。

金銀錯工藝始於春秋時期，於戰國時期開始流行。目前中國出土最早的金銀錯鏡是戰國時期的。

4.嵌玉石

嵌玉石是指將玉、綠松石或琉璃等鑲嵌在鏡背上的一種工藝。中國青銅鑲嵌工藝有著非常悠久的歷史，早在距今三千多年的二里頭文化時期，就發現了鑲嵌綠松石的青銅器。但是，把這種鑲嵌工藝移植到銅鏡上則是到戰國時期才有的。

5.貼金銀箔

貼金銀箔是指把黃金、白銀碾壓成極薄的薄片，然後剪裁成各種紋飾圖案，用膠漆粘貼在銅鏡背上。

貼金銀箔工藝在中國春秋時期已有，於戰國早中期開始流行，兩漢時期繁榮。

6.鎏金

鎏金又叫鍍金，是指在鏡背塗上一層黃金的工藝。具體做法是在製造銅鏡時先以金汞劑塗在銅鏡背面，再用溫火烤，使汞蒸發，黃金就固定在銅鏡上。這種工藝在漢代開始流行。

7.金銀平脫

金銀平脫工藝是指把金、銀薄片裁成的花樣用膠漆貼在鏡背，在其上髹漆數重，然後再研磨至金銀片紋與漆面平齊，顯露出來。金銀平脫鏡流行於唐玄宗開元天寶年間，是盛唐時期鑄鏡手工業的創舉。

8.螺鈿

螺鈿是指用漆把螺蚌貝殼薄片構成的圖案紋飾貼在鏡背上的工藝，這是中國傳統的鑲嵌工藝。螺鈿漆器的歷史雖可上溯到西周，但將螺鈿技法運用於銅鏡則是唐代的創舉。

9.貼金貼銀

貼金貼銀是指在鏡背貼上金板或銀板，並在其上刻出各種紋飾的工藝。由於捶貼的金銀片易於脫落，故此類鏡數量極少。

(三)銅鏡的使用

古人用鏡，有手執、懸掛和置於案上三種方法。銅鏡鈕上多繫以綢帶，便於持握或懸掛。東晉顧愷之的《女史箴圖》畫卷真實再現了那個時代銅鏡的使用方法：手執與懸掛。畫卷上一女子對鏡而坐，席前置鏡臺和奩盒。

圓形銅鏡繫於鏡臺上，身後一女為其梳髮。右邊一女席地而坐，左手執鏡，右手理髮，鏡中現出清晰面孔。

宋代以後，隨著室內桌椅的興起，銅鏡逐漸脫離地面，或置於桌上，背後有支架，或將銅鏡加上把柄。

宋王詵《繡櫳曉鏡圖》、宋蘇漢臣《妝靚仕女圖》，均繪一女在桌前或站或坐對鏡端詳，銅鏡放在鏡架上，鏡中映出該女子秀麗面容。

鏡子本身是用於照面整容的。古人將鏡子放入墓中，除表示給死者在「陰間」使用外，其另一用途，即南宋周密《癸辛雜識》所載：「世大殮後，用鏡懸棺，蓋以照屍取光明破暗之義。」

在現今出土的陝西宋、金墓中，銅鏡多懸於墓室頂部正中，四川明墓常將銅鏡嵌在墓室的後壁或頂上。現在中國民間還有將銅鏡掛在屋門或塔頂用以辟邪的習俗。

東晉・顧愷之　　　　《女史箴圖》之梳妝部分

宋・王詵《繡櫳曉鏡圖》

宋・蘇漢臣《妝靘仕女圖》

第二章
銅鏡的基本特徵

　　銅鏡是中國古代人們的日常生活用品，很講究美觀。有的鏡背有花紋和銘文，有的還有嵌螺鈿、金銀平脫或鍍金等裝飾。不同銅鏡的花紋題材和銘文內容，往往反映了當時的社會意識形態。

　　總的來說，中國銅鏡的製作、形制、紋飾和銘文，每個時期都有其不同的特徵。

一、齊家文化與商周時期銅鏡

（一）齊家文化銅鏡（公元前 2000 年─公元前 1900 年）

　　齊家文化是黃河上游地區新石器時代晚期至青銅時代早期文化，因首次發現於甘肅省廣河縣齊家坪遺址而得名。齊家文化主要分佈在甘肅、青海省境內的黃河及其支流沿岸階地上。齊家文化時期的生產工具以石器為主，且已經出現銅器。齊家文化屬原始社會解體

齊家文化‧七角星紋鏡

齊家文化・重輪星芒鏡

時期銅石並用時期的一種文化。

齊家文化墓葬中出土的距今已有4000多年歷史的小型銅鏡，是目前考古資料中所知最早的銅鏡。齊家文化銅鏡，迄今共發現三面。

一面是1975年甘肅廣河齊家坪墓葬出土的素鏡。該鏡鏡背無紋飾，直徑6公分，厚0.3公分。弓形小鈕。

一面是1976年青海貴南尕馬台25號墓出土的七角星紋銅鏡。該鏡直徑8.9公分，厚0.3公分。鈕已殘損，鏡邊緣鑿有兩個不規則的穿孔。鏡背周沿和鈕旁各飾一道凸弦紋，兩周同心弦紋間，以填平行斜線三角和空白三角相間的方式，顯示出七角星圖案。鏡緣所鑿兩個穿孔，是用來繫繩穿掛的，兩孔間有凹形細繩紋痕。兩面均為圓形。

上述兩面齊家文化銅鏡的形體都較小，而且外表均顯粗糙。

還有一面是早年青海臨夏出土的重輪星芒鏡。該鏡直徑14.6公分，邊厚0.15公分。圓形，弓形鈕，無鈕座。鏡面微凸，弓形鈕內凹，可以穿帶。鏡背三重弦紋圈，將紋飾分為內外兩區。內區排列十三組斜線紋，外區以同樣手法排列十六組斜線紋，分別構成十三、十六星芒形。紋飾粗獷古樸。

齊家文化銅鏡出土數量雖然很少，但已經具有不同的類型和比較複雜的紋飾，特別是它們均出在遠離中原的邊遠地區，說明中國銅鏡的起源還可能更早些。

（二）商代銅鏡（約公元前1600年—公元前1046年）

　　商周是中國青銅業的鼎盛時期，現今出土的商周時期青銅器不但數量多，而且製作頗精。但迄今出土的商周銅鏡卻屈指可數，總計不過二十餘面，可見當時銅鏡的使用還不是很普遍。在這二十幾面銅鏡中，商代銅鏡僅有幾面，且大多出於殷墟，河南安陽小屯婦好墓出土四面。其中，兩面鏡背紋飾為葉脈紋，直徑分別為12.5公分、11.7公分，邊厚分別為0.4公分、0.2公分；橋形鈕，鏡背飾同心凸弦紋三周，第一周和第二周弦紋之間，以鏡

商‧葉脈紋鏡（1）

商‧葉脈紋鏡（2）

鈕為中心，飾八組葉脈紋，第二周和第三周凸弦紋之間，填一周小乳釘紋。另兩面為凸弦紋，直徑分別為11.8公分、7.1公分，厚為0.2公分；橋形鈕，鈕外飾凸弦紋六周，弦紋之間填以密排的豎直短線。

1934年，河南安陽侯家莊西北崗1005號墓出土一面商代平行線紋鏡。該鏡圓形，弓形鈕；直徑6.7公分，厚0.2～0.3公分；鏡面稍凸，內區中心圓面四等分，飾平行凸線九條或十條，相鄰區間互相垂直，鏡邊兩道弦紋間飾「3」形紋34條。

1986年大司空村南地出土一面商代凸弦紋銅鏡。該鏡圓形，背微內凹，鏡面稍向外鼓；半環形鈕，鈕外三周凸弦紋；直徑7.5公分，厚0.3公分。

甘肅平涼出土一面商代凸弦紋鏡。該鏡直徑約6.8公分，厚0.1～0.2公分；鏡面微凸，有淡淡水銀光澤；背面設橋形鈕，鈕高0.54公分；鈕外飾雙凸弦紋兩周，弦紋間飾疏密有度的豎短線。

商代銅鏡多為圓形，鏡身較薄，多在0.2～0.4公分，但形體比齊家文化銅鏡有所加大；背部中心有弓形鈕。商代銅鏡鏡鈕周圍飾有凸弦紋或以直線和斜線為主組成簡單的幾何紋飾，這是商代銅鏡的一個顯著特徵，其與商代銅器紋飾有明顯差異。

商代銅鏡鏡面近平或微凸。關於凸面鏡，宋沈括在《夢溪筆談》中寫道：「古人鑄鑒，鑒大則平，鑒小則凸。凡鑒窪則照人面大，凸則照人面小。小鑒不能全觀人面，故令微凸，收人面令小，則鑒雖小而能全納人面。」凸面鏡的鑄造是商代銅鏡的一大進步。

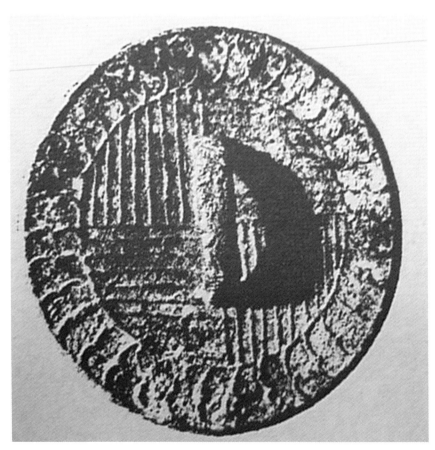

商·平行線紋鏡

商‧凸弦紋銅鏡（甘肅平涼）

（三）西周銅鏡（約公元前 1046 年—前 770 年）

　　西周銅鏡發現的數量遠大於其前代，分佈地區也有所擴大，但仍集中在北方。目前，在河南浚縣辛村、上村嶺虢國墓地，陝西鳳翔縣、寶雞市區、淳化，北京昌平，遼寧寧城

西周‧素鏡

等地均有出土，共計十幾面。這十幾面銅鏡均為圓形，鏡面微凸或平直，形體小而薄，直徑一般在6～10公分。西周銅鏡形制雖沿襲商代銅鏡，但與商代銅鏡卻不盡相同。其鏡鈕除弓形鈕外，還有半環形、長方形、橄欖形等，這是商代銅鏡所沒有的。西周銅鏡多為素鏡，鈕制的多樣化和素鏡的增多，是這一時期銅鏡的特點。

西周中期以後出現了有紋飾的銅鏡。1972年，陝西省扶風縣劉家村出土了一面西周重環紋鏡，直徑8公分，圓形，橋形鈕，鏡背飾帶狀凸線組成的重環紋和由內向外的四條「S」形線。這種重環紋鏡，目前僅此一件，仍屬於幾何紋。

西周・重環紋鏡

到西周晚期，銅鏡的風格發生改變，出現了動物紋。1957年，河南三門峽虢國墓地1612號墓出土一面銅鏡，直徑6.7公分、厚0.35公分，圓形，鏡背中間有兩個平行的弓形鈕，鈕上方飾鹿紋，下方飾展翅的鳥紋，左右飾對稱的虎紋，單線勾勒。此鏡紋飾打破了傳統的幾何圖案，顯示出不同的風格。

中國早期銅鏡鏡身較薄，直徑較小，在形制上還未形成一定的規格。這個時期的銅鏡都為圓形，鏡鈕的形式不一致，齊家文化銅鏡為圓鈕，殷鏡多為較長的弓形鈕，西周銅鏡鏡鈕有弓形、橄欖形、長方形、半環形數種。商及之前的各種形式的幾何紋鏡在西周銅鏡中未見一例。

西周‧禽獸紋鏡

二、春秋戰國時期銅鏡

春秋戰國時期是中國古銅鏡的成熟和大發展的時期。這一時期的中國正處於從奴隸社會向封建社會過渡階段，社會大變革、思想大解放、禮崩樂壞，商周以來具有等級象徵的禮樂器逐漸衰落了；青銅產品由宗廟祭器轉向日常生活用品的發展，銅鏡的製作受到重視。特別是到了戰國時期，隨著鐵工具的使用，生產力得到了迅速的發展，文化藝術也出現了空前的繁榮，製造出來了彩繪、金銀錯、嵌玉石等特種工藝鏡。

古文獻中有許多關於戰國時期使用銅鏡的記載，如《楚辭‧九辯》中的「今修飾而窺鏡兮」，《韓非子‧觀行》中的「古之人，目短於自見，故以鏡觀面」等，這些記載說明至少在戰國時期，青銅鏡已經廣為流行了。

（一）春秋銅鏡（公元前 770 年—前 476 年）

春秋銅鏡質地輕薄，厚度多在 0.1～0.2 公分；多素鏡，也有動物紋鏡；銅鏡形制均為圓形，鈕為弓形、半環形。春秋時期銅鏡最顯著的特點是鈕座的出現，春秋以前的銅鏡均無鈕座，鈕座有圓有方。目前確切可據的春秋鏡發現尚少。

1956 年河南省三門峽上村嶺出土一面螭虎紋鏡，直徑 7.5 公分，圓形，半環形小鈕，圓鈕座；鈕座周圍有兩隻猛虎頭尾相銜環繞；其外又有一周螭紋，有的龍首，有的鳥頭，姿態各異。這面螭虎紋鏡為春秋早期鏡。

春秋・螭虎紋鏡

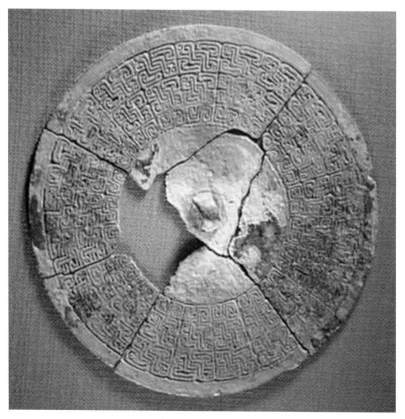

春秋・蟠虺紋鏡

1978年陝西鳳翔縣南指揮村1號秦墓出土一面蟠虺紋鏡，直徑11公分，圓形鈕座，半環形小鈕，周圍飾細密的蟠虺紋。此鏡的花紋與春秋中晚期青銅禮器上的蟠虺紋尤其相似，為春秋中期鏡。

1952年湖南長沙龍洞坡826號墓出土的素鏡及1956年湖南長沙烈士公園6號墓出土的同心圓紋鏡，均屬春秋晚期銅鏡。

據現有資料可知，春秋銅鏡動物紋圖案為淺浮雕和透雕裝飾，與西周晚期鳥獸紋鏡相比，其技法和構圖都顯得更加成熟，裝飾感也更強。從紋飾的表現形式上看，春秋銅鏡已趕上了青銅器的發展步伐，紋飾內容更具時代特色。這給後面戰國銅鏡的大發展奠定了基礎。

(二)戰國銅鏡(公元前475年—前221年)

戰國時期銅鏡出土區域分佈相當廣泛，在今河南、河北、山東、陝西、山西、吉林、遼寧、四川、湖南、湖北、安徽、江蘇、甘肅、內蒙等地均有出土。出土最多的區域是今湖南長沙和安徽壽縣一帶，因二者當時均屬楚地，所以，又稱在此出土的戰國銅鏡為「楚式鏡」。

戰國銅鏡的製作特點是形制輕巧，多圓形，少數為方形；鏡較輕薄，厚度在0.1～0.8公分，直徑一般在10～20公分；早期的銅鏡小，後來趨向稍大而厚重；鏡鈕多為細小的弓形鈕，鈕上常有幾道弦紋，鈕足較大而鈕梁較窄，少數為半環鈕、鏤空鈕；圓形或方形鈕座，晚期出現連弧紋鈕座。圓形鏡多為素卷緣，方形鏡有較寬的邊沿。

戰國・素鏡

戰國銅鏡不鑄銘文，但花紋樣式豐富多彩。除無紋的素鏡外，還有無地紋和有地紋兩類有紋飾的銅鏡。戰國銅鏡紋飾精緻活潑，富於變化。主、地紋相襯，是戰國銅鏡紋飾區別於其他時期銅鏡紋飾的重要特徵之一。同時，戰國銅鏡還出現了彩繪、金銀錯、嵌玉石等特種工藝。

戰國銅鏡根據其主題紋飾圖案，可分為以下幾類。

1.素 鏡

戰國銅鏡中的素鏡可分為光素鏡、弦紋素鏡、寬弦紋素鏡和連弧紋素鏡等。

（1）光素鏡　光素鏡背面沒有任何裝飾，有圓形和方形兩種。圓鏡鈕作弓形、圓粒形、菱角形、三弦鈕等，無鈕座；鏡身較薄，厚度0.1～0.2公分，形體較小，直徑多在7～10公分，少數直徑在10公分以上。方形鏡較少，邊長多在7～8公分，厚0.1～0.2公分。這類鏡出現的年代最早，流行時間較長，從春秋晚期至戰國晚期都有出現。

一般來說，春秋晚期、戰國早期的光素鏡形體較小，戰國晚期的光素鏡形體稍大，鈕多為二弦鈕或三弦鈕。

（2）弦紋素鏡　弦紋素鏡在素地上有簡單的一周或兩周以上（最多五周）的細弦紋，鏡鈕作弓形或三弦鈕等，有的無鈕座，有的有小圓鈕座。弦紋素鏡分佈地區較廣，流行時間也較長，從春秋晚期出現至戰國晚期及西漢初年仍有所見。

一般來說，弦紋素鏡的鏡背只有一周弦紋且形體較小者年代亦較早；鏡背有3～5周弦紋且形體稍大者，為戰國中晚期之物。

戰國・弦紋素鏡

（3）寬弦紋素鏡　寬弦紋素鏡素地，僅有二至三道凸（或凹）線；製作較精，形體也較大，直徑多在18～22公分。寬弦紋素鏡流行於戰國晚期至西漢初年，數量較少。

（4）連弧紋素鏡　連弧紋素鏡三弦鈕，凹面形圓鈕座；鈕座外圍以十一內向單線連弧作主題紋飾，或鈕座外作出八內向凹面寬帶連弧，弧線交點著於外緣。連弧紋素鏡流行於戰國晚期至西漢初年。

戰國・連弧紋素鏡

2.無地紋鏡

無地紋鏡一般為單層花紋，只有一種紋飾。無地紋鏡可分為羽翅紋鏡、雲雷紋鏡等。

（1）羽翅紋鏡　羽翅紋是把演變成羽狀的蟠螭紋軀體的一部分分割為若干個長方形的花紋單位，每個花紋單位前後左右並行（四方連續排列）。這種紋飾細膩緊密，在繁縟之中又給人以對稱規整之感，常見於春秋戰國時期的銅器上。從出土地點看，羽翅紋鏡流行的地域較廣，主要見於湖南、湖北、安徽等楚文化分佈區。羽翅紋鏡在當時中原地區亦有所見，但紋飾稍有不同，如在河南洛陽、河北邯鄲和陝西西安等地出土的羽翅紋鏡呈渦粒狀羽狀紋飾，有的鏡背中部有一周素帶將紋飾分為內外兩區，有的在鏡邊緣飾一周貝紋，這些均為楚地羽翅紋鏡所未見。

（2）雲雷紋鏡　雲雷紋是青銅器上一種典型的紋飾，盛行於商和西周，沿用至春秋戰國。雲雷紋基本特徵是以連續的回旋狀線條構成幾何圖形，主要是作為青銅器上紋飾的地紋，用以烘托主題紋飾。雲雷紋鏡流行的時期大體與羽翅紋鏡相同，亦出現於戰國早

戰國・羽翅紋鏡

戰國・雲雷紋鏡

期，至戰國中期仍流行，戰國晚期少見。雲雷紋鏡數量較羽翅紋鏡少，流行地域亦較窄，主要見於今湖南、安徽、河南等地。

　　相較而言，無地紋鏡的出現比素鏡晚，一般於戰國早期出現，戰國中期流行，至戰國晚期少見。

3.有地紋鏡

　　有地紋的銅鏡通常是以雲雷紋、羽翅紋或細點組成的曲折紋為地，在地紋之上添加主紋，成為地紋與主紋相結合的多層花紋銅鏡。有地紋鏡根據其主紋的差異，又可分為山字紋鏡、花葉紋鏡、菱形紋鏡、連弧紋鏡、獸紋鏡、鳳鳥紋鏡等。

　　（1）山字紋鏡　　山字紋鏡是指在羽狀地紋上用山字圖紋構成的主題紋飾，主要有三山鏡、四山鏡、五山鏡、六山鏡等。其中以四山紋鏡為多，三山紋鏡少見。山字紋鏡均為圓形，鈕座有方有圓。

戰國・三山紋鏡

戰國・四山紋鏡

　　山字紋鏡分佈地區相當廣泛，在今安徽、江蘇、河南、湖南、湖北、四川、廣西、廣東、陝西都有發現。各種類型的山字鏡主要流行於戰國早中期，到戰國晚期仍有發現。其中，四山紋鏡出現的時代較早，大約在春秋晚期已經產生，主要流行於戰國早中期，至戰國晚期乃至西漢初年仍有所見。由於時代和地區的不同，山字紋鏡的主紋亦隨之有多種不同變化，主要表現在山字紋的粗細以及花瓣紋、葉紋的配置上。

　　大致說來，山字粗短、山字間的花瓣較簡單的四山紋鏡，大約在春秋晚期已經產生，而山字較為瘦長、花紋繁縟者出現時期較晚，均屬戰國之物。西漢初年仍有少量四山紋鏡發現，但地紋比較粗放。現今出土的西漢初年鑄造的帶四字銘文的四山紋鏡，堪稱絕品。

戰國・五山紋鏡

戰國・六山紋鏡

六山紋鏡在山字紋鏡中是晚出之鏡，數量極少。1983年廣東省廣州市象崗山西漢早期南越王墓出土一面六山紋鏡，直徑21.2公分，圓形三弦鈕，圓鈕座，以細羽翅紋為地紋，六山字環繞式排列，山字間再配飾花瓣紋，頗為罕見。

（2）花葉紋鏡　花葉紋鏡是指在羽狀地紋或雲雷地紋上用葉紋或花瓣作主紋。花葉紋鏡根據其主紋的差異，又可分為葉紋鏡、花瓣鏡、花葉鏡三種。

葉紋鏡　葉紋鏡主要包括三葉鏡、四葉鏡、八葉鏡等。

三葉鏡形體較小，以羽狀紋為地紋，由鈕座向外均勻地伸出三片長葉。

戰國・四葉紋鏡（1）

戰國・四葉紋鏡（2）

　　四葉紋鏡主紋為四片花葉，從鈕座外向四方做放射狀分佈。四葉的形狀除桃狀葉外，還有團扇狀、楓葉等。桃狀葉出現最早，戰國初期已出現，三角楓葉在戰國中期出現。總體來看，四葉鏡以羽翅紋作地紋最為常見。

　　八葉鏡由鈕座向外伸出四葉，鏡的邊緣處又向內伸出四葉，合為八葉。八葉鏡地紋一般是由「S」形雲紋及回紋組成的雲雷紋。

　　花瓣紋鏡　花瓣紋鏡有四花瓣鏡、八花瓣鏡和十二花瓣鏡三種。花瓣紋鏡主紋為花瓣紋，其中，四花瓣由鈕座向外伸出四花瓣，八花瓣由鈕座向外伸出連貫式的四組花瓣，十二花瓣則從鏡緣向內又伸出四花瓣。花瓣紋鏡約出現於戰國中期。

戰國・四葉紋鏡（3）

戰國・八葉紋鏡

花葉鏡　　花葉鏡有八花葉鏡和十二花葉鏡兩種。其中，八花葉鏡由鈕座四角向外伸出四竹葉式長葉，在四葉中間有四朵花；十二花葉鏡由鈕座四角向外伸出四竹葉式長葉，由鈕座四邊中部伸出四花瓣，再由鏡外緣向內伸出四花瓣，共四葉八花瓣。

　　花葉紋銅鏡流行的地區主要是在今安徽、湖南一帶。葉紋鏡中的四葉鏡於戰國早期已出現；花瓣鏡、花葉鏡出現時期比四葉鏡略晚，約於戰國中期。

戰國・十二花葉鏡

　　（3）菱形紋鏡　　菱形紋鏡地紋均為淺浮雕式羽翅紋，不見雲雷紋地是菱形紋鏡的顯著特徵。菱形紋鏡的主紋為凹面寬條帶組成的菱形紋，有折疊式菱形紋鏡和連貫式菱形紋鏡兩類。菱形紋鏡多為圓形，極少數方形。

戰國・折疊式菱形紋鏡

戰國‧連貫式菱形紋鏡

連貫式菱形紋鏡主要見於今湖南、安徽、湖北等楚文化地域，在四川和陝西也有發現，流行時期大致為戰國中期。在以菱形紋為主題紋飾的菱形紋鏡類中，以折疊式菱形紋鏡為多，連貫式菱形紋鏡則較罕見。

（4）連弧紋鏡　連弧紋鏡一般為圓形，背面以弧線或凹面寬弧帶連成圈，弧數有六、七、八、九、十、十一、十二弧等多種，其中以八弧最為常見。連弧紋鏡有素地連弧紋鏡、雲雷紋地連弧紋鏡、蟠螭紋地連弧紋鏡三種。

素地連弧紋鏡　素地連弧紋鏡常見十一內向單線連弧紋，六弧、八弧凹面寬帶連弧紋。

戰國‧素地連弧紋鏡

雲雷紋地連弧紋鏡 蟠螭紋地連弧紋鏡 這兩類鏡上一般有七或八個內向凹面形連弧圈，有的雲紋地上配蟠螭或加葉片。

戰國·雲雷紋地連弧紋鏡

戰國·蟠螭紋地連弧紋鏡

素地連弧紋鏡、雲雷紋地連弧紋鏡於戰國中期出現，雲雷紋地蟠螭連弧紋鏡於戰國晚期出現。連弧紋鏡流行於戰國晚期至西漢初期，其分佈地區亦隨時代不同而有所變化：戰國中晚期以今湖南長沙、安徽壽縣及河南洛陽為主；戰國末至西漢初，以今四川、陝西、山東、內蒙古、湖北、廣東等地為主。

戰國・蟠螭紋地連弧紋四葉鏡

（5）禽獸紋鏡　禽獸紋鏡地紋有羽狀紋和細雲雷紋兩種，主紋為獸紋、鳳鳥紋等。根據主紋的差異，禽獸紋鏡又分為獸紋鏡、饕餮紋鏡、鳳鳥紋鏡、禽獸紋鏡四種。

獸紋鏡　獸紋鏡根據其紋飾的差異又可分為雙圈獸紋鏡、羽狀地獸紋鏡、雲雷紋地獸紋鏡。

雙圈獸紋鏡一般為圓形，鏡背紋飾分內外兩區，內外區均為獸或獸面並佈滿粟粒紋。

戰國・雙圈獸紋鏡（1）

戰國·雙圈獸紋鏡（2）

　　羽狀地獸紋鏡以羽翅紋為地，這類銅鏡形體一般較大，有圓形和方形兩種，以圓形為多。獸紋常三至五個，以四獸最為常見。獸形變化多端，常見一種狐面鼠耳長卷尾怪獸，圍鈕座環繞排列。長尾獸紋鏡的紋飾構圖基本相似，晚出者有的圖案簡化，稱變形獸紋鏡。羽狀地獸紋鏡多發現於今湖南、安徽等地。

　　雲雷紋地獸紋鏡以雲雷紋為地，一般為圓形，其主紋通常為三個長尾怪獸或四個螭形怪獸。

戰國·羽狀地獸紋鏡

戰國・雲雷紋地獸紋鏡

　　饕餮紋鏡　饕餮紋鏡一般以細雷紋為地紋，上飾饕餮紋兩組，以鈕為中心，上下對稱。形制主要為圓形，極少數方形。饕餮紋是商和西周銅器上最流行的紋飾，春秋時期已逐漸淘汰。現在，饕餮紋鏡僅發現於今河北邯鄲趙王陵和河南洛陽金村，其他地區尚未發現。

　　鳳鳥紋鏡　鳳鳥紋鏡以細雲雷紋為地，主紋為鳳鳥。鳳鳥紋鏡主要發現於楚地和受楚文化影響的地區，流傳較少。

戰國・鳳鳥紋鏡

禽獸紋鏡　　禽獸紋鏡一般以細雲雷紋為地，主紋為獸和鳳，形制圓形。禽獸紋鏡分佈廣泛，在今河南、河北、山西、陝西、湖南、湖北、四川等地均有出土。

　　獸紋鏡中的雙圈獸紋鏡及羽狀地獸紋鏡出現於戰國早中期，饕餮紋鏡、鳳鳥紋鏡和禽獸紋鏡出現則稍晚，約在戰國中期以後，流行於戰國晚期。

戰國・禽獸紋鏡

　　（6）蟠螭紋鏡　　蟠螭紋鏡形制圓形，地紋為雲雷紋。蟠螭紋鏡根據其鈕制及地紋的差異，可分為以下幾類：一類三弦鈕，圓鈕座，地紋整齊；一類鏤空鈕，透雕鈕座，地紋為細密的雲雷紋，不甚清晰。蟠螭紋鏡的主紋都是三對互相纏繞的蟠螭紋。

戰國・蟠螭紋鏡

戰國・蟠螭紋鏤空鈕鏡

　　蟠螭紋鏡中地紋細密清晰者，可早至戰國中期；地紋模糊不清，半球形鏤空鈕、透雕圓鈕座者，大致存在於戰國晚期，數量亦少。蟠螭紋是春秋戰國時期青銅禮器上常見的一種紋飾，其所表現的是古代傳說中的沒有角的龍，作張口、蜷曲蟠狀。戰國中期以後，銅

戰國・蟠螭菱形鏡

鏡借用了這種紋飾，用寬平凸起的單線條勾勒出互相纏繞、張牙舞爪之狀的蟠螭，線條流暢。到戰國晚期，銅鏡上的蟠螭紋出現了新的變化，或將其身軀或尾部作菱形折疊，或將其尾部用菱形紋連接起來，即蟠螭菱形鏡。

蟠螭紋鏡到西漢早期仍有所見，但其地紋出現衰退的趨勢，至秦和西漢早期，地紋更是粗拙，顯示了戰國銅鏡紋飾盛行地紋和主紋相結合的風格向以主紋為單一紋飾的漢式鏡的過渡。戰國晚期出現的蟠螭紋鏡還有四葉蟠螭紋鏡、雲雷紋地蟠螭連弧紋鏡等。蟠螭紋鏡分佈地區較廣，在今陝西、河南、湖南、湖北、安徽、江蘇、四川、廣東等地均有出土。

（7）羽鱗紋鏡　羽鱗紋鏡一般為雲雷紋地，主紋為羽紋、鱗紋等，形制均為圓形，鈕座有圓有方。此類鏡僅見於湖南、四川戰國墓中，出土甚少。

地紋與主紋結合的紋飾於春秋晚期戰國初期出現，戰國中期盛行。這種紋飾以主、地紋構圖，地紋用細線條淺浮雕，主紋用粗線條和較高的浮雕，層次分明。

在地紋之上添加主紋，使地紋映襯主題紋飾，形成地紋與主紋相結合的富有透視感的多層花紋，是戰國銅鏡有別於其他時期銅鏡的一個主要特徵。

4.特種工藝鏡

春秋戰國時期還出現了一些特殊工藝製造的銅鏡，主要有以下幾種。

（1）透雕鏡　透雕鏡也叫鏤空鏡，是一種以透雕圖案作鏡背的銅鏡。透雕鏡出土較少，有圓形和方形兩種，可分為蟠螭紋透雕鏡、禽獸紋透雕鏡。透雕鏡在今湖南、湖北、河南、四川等地均有發現，是春秋戰國銅鏡中難得的佳品。

戰國·透雕龍紋方鏡

戰國・透雕龍鳳紋鏡

（2）彩繪鏡　彩繪鏡通常用彩漆繪出鏡背紋飾，其圖案有龍鳳紋、鳥獸紋、雲紋、方格紋、蟠螭紋和山字紋等。彩繪鏡約出現和流行於戰國早中期。

戰國・彩繪鳳凰紋鏡

戰國・彩繪雲紋鏡

戰國・彩繪方格捲雲紋鏡

　　（3）金銀錯紋鏡　金銀錯紋鏡有金銀錯狩獵紋鏡、金銀錯虺龍紋鏡兩種。此類鏡傳為洛陽出土，時期為戰國中期。南方地區尚未發現。

金銀錯狩獵紋鏡　　金銀錯狩獵紋鏡形制圓形，圓鈕，圓鈕座，座外三片葉紋。主題紋飾為三組錯金雲紋之間，分別用金銀錯成狩獵紋、鬥獸紋和鳳紋。狩獵紋描繪的是人虎搏鬥場景：一騎手蹲坐馬上，一手持韁，一手握劍刺向猛虎，虎張牙舞爪，躍起反撲。鬥獸紋描繪一獸伸頸蜷體，一獸四肢舞動打鬥的畫面。鳳紋為變體圖案化的鳳鳥。

戰國‧金銀錯狩獵紋鏡

　　金銀錯虯龍紋鏡　　金銀錯虯龍紋鏡形制圓形，直徑20公分，傳為河南洛陽金村戰國墓出土。鏡背金銀錯六條虯龍，兩兩糾纏，邊緣金錯幾何紋和九個乳釘紋。

戰國‧金銀錯虯龍紋鏡

（4）鑲嵌鏡　1964年山東淄博齊國故城出土一件嵌綠松石、銀乳釘的大銅鏡，是為鑲嵌鏡。該鑲嵌幾何紋三鈕鏡形制圓形，直徑29.8公分，厚0.7公分；三個環形鈕呈鼎足之勢立於鏡背邊緣；在粗線條的雲紋上錯以金絲，地上嵌綠松石，還嵌了9枚銀質乳釘。

戰國・鑲嵌幾何紋三鈕鏡

另一傳為中國河南洛陽金村戰國墓出土，現存美國哈佛大學藝術博物館的嵌玉石琉璃鏡，十分華美。該鏡形制圓形，直徑12.2公分；背面正中嵌一枚圓形藍色琉璃，其外嵌素面白玉環，環外一周藍色琉璃，最外為索紋玉環。以玉及玻璃作為鑲嵌物的銅鏡目前發現的僅此一件。

戰國・鑲嵌玉石琉璃鏡

1992年河南洛陽西工區戰國墓出土兩件戰國鑲嵌琉璃珠六山鏡，均殘。此六山鏡形制圓形，直徑14.5公分；六個山字之間，鑲嵌十八顆蜻蜓眼藍色琉璃珠和貼金箔的料珠。

戰國・鑲嵌琉璃珠六山鏡

（5）金銀箔貼花鏡　現丹麥哥本哈根裝飾藝術博物館藏中國古代春秋中晚期金箔龍紋鏡一面。該鏡形制圓形，直徑14.4公分；小鈕，無鈕座，鏡背用膠漆粘貼金箔龍，箔上有錘出的花紋。龍形大體完整，具有春秋中晚期龍紋古拙的特徵。

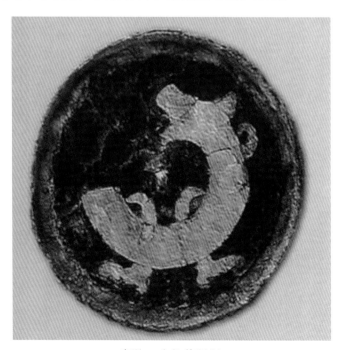

春秋・金箔龍紋鏡

　　1966年河南洛陽道北戰國墓出土了一面金銀箔透雕蟠龍紋鏡。該紋鏡形制圓形，直徑14.8公分；夾層，鏡面嵌於鏡背之中；小圓鈕，四葉紋鈕座；透雕蟠龍，龍背、龍翼貼金箔，龍頭、龍腹、龍尾貼銀箔。

戰國・金銀箔透雕蟠龍紋鏡

5. 多鈕鏡

　　多鈕鏡形制多為圓形，鏡背有二至四個鈕，飾幾何紋飾。中國北方的遼寧、吉林等地均有發現。多鈕鏡於春秋時期出現，戰國時期仍在流行。

　　春秋戰國時期銅鏡紋飾題材豐富，有幾何紋、動物紋、植物紋、人物圖像等；紋飾表現技法多樣，有浮雕、透雕、金銀錯、彩繪等。戰國銅鏡的佈局獨具匠心，常見的有對稱式、雙圈式、環繞式三種。其中，對稱式的構圖以中軸線或中心點為中心，上下或左右配置相同紋樣；環繞式是將主題紋飾環繞圓周，按同一方向連續排列；雙圈式是在鏡背中部有一圈素帶，將紋飾分為內外兩區。

三、兩漢時期銅鏡

　　秦漢時期，封建大一統帝國的建立，漢民族文化的初步形成，社會經濟發展，文化藝術繁榮，為銅鏡的大發展奠定了政治、經濟與文化基礎。漢代銅鏡廣泛使用，兩漢時期銅鏡的鑄造業獲得了極大發展，出現了新的高潮。

　　兩漢時期的銅鏡圖案式樣豐富，製作精巧，具有很高的藝術性和裝飾性。但在不同的時期又有不同的特色。

1. 西漢早期

　　這一時期是銅鏡由戰國式鏡向漢式鏡過渡的階段。此間銅鏡既帶有濃厚的戰國式鏡特徵，如鏡面較小、鏡壁單薄、弦紋鈕等，鏡背紋飾有蟠螭紋、蟠虺紋、山字紋、連弧紋等，又有新的特點，如地紋逐漸簡化，幾近消失，主紋趨向整齊，形態、構圖也有變化，並出現了博局紋和四乳草葉紋等新紋樣，銘文開始出現。

　　（1）蟠螭紋鏡　蟠螭紋鏡紋飾繼秦代用雙線條勾勒之後，又出現了三線式勾勒的技法。纏繞式變成了間隔式，用葉瓣紋等將蟠螭間隔開來，或者在它們身上壓一條圓圈帶。

西漢·蟠螭紋鏡

　　（2）規矩蟠螭紋鏡　規矩蟠螭紋鏡是指在戰國晚期流行的蟠螭紋上加進方框和有「T」「L」「V」形符號組成的紋飾。「T」「L」「V」符號有的筆劃垂直或呈折角，習稱「規矩紋」。規矩紋整體結構與古代博弈棋盤上所畫的圖相似，因此目前許多學者又稱這種紋鏡為「博局紋」鏡。

　　規矩蟠螭紋鏡是當時前所未有的銅鏡圖案。西漢早期規矩紋鏡尚處於濫觴期，隨著時代的發展，規矩紋成了漢鏡最具代表性的典型圖案。

西漢・規矩蟠螭紋鏡

（3）草葉紋鏡　草葉紋鏡通常為方鈕座，座外有方銘文帶，其主題紋飾以草葉紋間四乳釘。草葉紋鏡的紋飾一反戰國銅鏡地紋加主紋的兩層構圖法，使主紋成為鏡背單一的圖案。這種不用地紋的構圖方法，是西漢早期銅鏡出現的新風格，為西漢早期銅鏡與戰國銅鏡的一個分水嶺。草葉紋鏡整體紋飾對稱，規整秀麗。

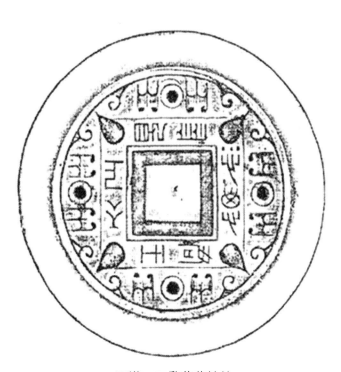

西漢・四乳草葉紋鏡

銅鏡上鑄銘文是西漢初期銅鏡紋飾出現的新風格。這一時期，銘文只是作為某些紋飾的一部分。早期銘文有「大樂貴福，千秋萬歲，宜酒食」「常與君，相歡幸，勿相忘，莫相忘」「大樂貴福，得所好，千秋萬歲，延年益壽」等，這些都反映了當時人們追求美好生活的願望。

2. 西漢中期

漢武帝時期前後，銅鏡紋飾發生了變化。此期戰國時期流行的三弦鈕消失，鏡鈕多作半球體，還有少量的獸鈕、蛙鈕和連峰式鈕；鏡面逐漸加大，鏡壁亦趨敦厚，鏡緣較寬且都是平緣。

這一時期，銅鏡的花紋對稱，鏡中心以四個乳釘為基點，將鏡背分成四區。這種四分法佈局結構早在戰國晚期已初現端倪，但在西漢中期才最後定型並廣泛使用，成為漢式鏡的一大特徵。

這一時期，銅鏡的銘文字數增多，成為銅鏡紋飾的組成部分，這也是漢代銅鏡的一個顯著特徵。特別是西漢中晚期，有的銅鏡甚至以銘文為主要裝飾。銘文有「家常富貴」「見天之光，長毋相忘」「舊不見，侍前希，君行卒，予志悲」「長富貴，樂毋事，日有□，常得所喜，宜酒食」，等等。

這一時期，銅鏡的主題紋飾一改戰國鏡的嚴謹細密風格。戰國鏡常見的饕餮紋、蟠螭紋、地紋消失，主紋成為銅鏡紋飾的單一裝飾，紋飾素樸，圖案結構簡單。銅鏡的紋飾主要有四乳四虺紋、草葉紋、星雲紋、銘帶鏡等。

（1）四乳四虺紋鏡　西漢中期流行，其特徵是在鈕座外圖形平面上均勻分佈的四乳（釘）內配置四條粗壯的「S」形虺紋。這種紋飾持續至東漢早期，且在發展的過程中逐漸變形，並在腹背間點綴虎頭和兔子，後逐漸擺脫蟠虺紋的形狀，形成四乳禽獸紋鏡類。

西漢・四乳四虺紋鏡

（2）草葉紋鏡　草葉紋鏡是西漢早中期出現的新的紋飾鏡種，主要集中在西漢中期，西漢晚期和東漢時期幾乎不見。草葉紋鏡因其鏡背的裝飾以草葉紋為主題而得名。草葉紋鏡鏡背後的草葉紋形狀猶如麥穗，紋飾組合除銘文外，還有花瓣紋、乳釘紋、內向連弧紋等；其紋飾的組合中期以四乳草葉紋鏡為多，代表了漢式鏡的新風格。

西漢·草葉連弧紋鏡

西漢·草葉連弧銘文鏡

（3）星雲紋鏡　星雲紋鏡以帶座的四乳（釘）配列四方，乳間排列小乳釘，以曲線連接。因為其間小乳釘數目多寡不一，少者三枚，多者十幾枚，所以星雲紋鏡又有「五星紋」「六星紋」「多星紋」星雲鏡之稱呼。此類鏡中乳釘較多者又叫百乳鏡，整個紋飾形

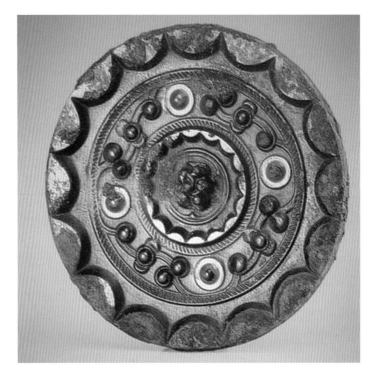

西漢・星雲紋鏡（四星紋）

西漢・星雲紋鏡（五星紋）

狀像天文星象者又名星雲紋鏡。這種鏡在西漢中期很流行，鏡鈕多為七八個似山峰的乳峰相連組成，稱為連峰式鈕或博山爐鈕。其中，連峰式鈕僅見於西漢武帝時期。

西漢・星雲紋鏡（六星紋）

西漢・星雲紋鏡（七星紋）

西漢・星雲紋鏡（十三星紋）

（4）銘帶鏡　銘帶鏡主要以連弧紋和銘帶共同組成其主題紋飾，鏡鈕為半球形，鏡緣素面寬平。銘文字句往往不全，文中並有「而」字或其他符號。根據銘文的不同，銘帶鏡可分為日光鏡、昭明鏡、清白鏡、銅華鏡、日有熹鏡等，其中，以日光鏡、昭明鏡流傳最廣、出土最多。

日光鏡　日光鏡因鏡銘文為「見天之光，天下大明」而命名。日光鏡流行於西漢中期至王莽時期，是漢鏡中流行時間較長、出土數量較多的鏡類之一。一般來說，西漢中期的日光鏡上銘文的字體較為瘦長，西漢晚期至王莽時期稍顯方正，其鏡緣也較西漢中期稍寬。

昭明鏡　昭明鏡因其銘文「內清以昭明，光象夫日月」中「昭明」二字而命名。昭明鏡流行於西漢中期至王莽時期，出土數量較多。西漢中期昭明鏡上銘文的字體較瘦長，西漢晚期至王莽時期稍顯方正，後期較前期鏡緣也稍寬。

西漢・日光鏡

西漢・昭明鏡

　　雙圈銘文鏡　銅鏡上將「日光」「昭明」銘文內容同時鑄出的稱為雙圈銘文鏡。雙圈銘文鏡鏡背內圈銘文為「見日之光，長毋相忘」，外圈銘文為「內清質以昭明，光輝象夫日月，心忽揚而願忠，然壅塞而不泄」。現今出土的日光鏡與昭明鏡的鏡銘，常有減字、省字的情況。雙圈銘文鏡鈕多呈半球形，鈕座外常飾連弧紋。

西漢・雙圈銘文鏡

　　透光鏡　銘帶鏡中還有一種十分特殊的鏡體，稱透光鏡。當光線照射在透光鏡鏡面時，在牆上可以出現鏡背紋飾。所謂透光鏡，就是指各處曲率有所不同的全凸鏡。

　　透光鏡鑄件厚的地方曲率比較小，鑄件薄的地方曲率比較大；當光源向鏡面平行照射過來時，在曲率較大處反射光就較分散，投射到壁上顯得較暗；在曲率較小處反射光較為集中，投射到壁上顯得較亮，因此反射圖像就有比較明亮的跡紋。這是由於鑄造時鏡體厚薄不一，鏡面各部分出現了與鏡背圖文相對應的凹凸不平和曲率差異造成的。透光鏡少有出土，甚為珍貴。

3. 西漢晚期

　　西漢晚期銅鏡題材發生了重大變化，多以生活中常見的飛禽走獸來表現人們想像的神物。這一時期銅鏡的邊緣一反西漢中期及以前銅鏡多素寬緣的風格，常飾有三角紋、流雲紋、草葉紋等，銅鏡的紋飾也更富藝術性。這表明西漢晚期尤其是新莽時期，銅鏡又較其前出現了一些變化，進入了漢式銅鏡的新階段。這一時期最具代表性的銅鏡是四乳禽獸鏡、多乳禽獸紋鏡、規矩鏡等。

（1）四乳禽獸鏡　四乳禽獸鏡形制圓形，半球形鈕，鈕座外帶座四乳分列四方，四乳間有的配以禽鳥，有的配以走獸，有的禽鳥、走獸兼有。具體來說，四乳禽獸鏡有兩種構圖：一種是每區為單個的奇禽異獸，另一種是每區為兩兩組合的奇禽異獸。這些奇禽異獸以青龍、白虎、朱雀、玄武最為突出，它們或同時出現，或與其他奇禽異獸交錯出現。四乳禽獸鏡鈕座除圓形外，還有四葉紋鈕座、連珠紋鈕座等。四乳禽獸鏡流行於西漢晚期至東漢前期。

漢・四乳禽鳥鏡

漢・四乳四神鏡

漢・四乳禽獸鏡

漢・四乳四神禽獸鏡

　　（2）規矩鏡　　規矩鏡是漢代最流行的鏡類之一。規矩鏡以「T」「L」「V」三個所謂規矩紋符號將鏡的內區分為四方八等分，青龍、白虎、朱雀、玄武四神各據一等分。其中，在其他等分中配以羽人和鳥、獸等紋飾的稱為四神規矩鏡，配以飛禽、走獸、怪神、

羽人的稱為鳥獸規矩鏡。規矩鏡的紋飾變化較多,銘文帶或有或無。四神規矩鏡出現於西漢晚期,王莽時期最為流行,下限可到東漢中期。四神規矩鏡是規矩紋鏡類中數量最多的一種。

漢・四神規矩鏡

漢・鳥獸規矩鏡

　　新莽至東漢前期銅鏡的主要特點是在鏡的邊緣出現了大量圖案花邊。自西漢晚期尤其是王莽時期以來，漢式鏡的紋飾題材有了重大突破，它們以四神為中心，各種形象的禽鳥瑞獸成為主題紋飾，並且注重鏡緣裝飾。這些形象生動、姿態各異的珍禽異獸銅鏡紋飾，奠定了後期銅鏡紋飾的基礎。

　　新莽時期除繼續沿襲日光鏡、昭明鏡和四乳四螭紋鏡特點外，這一時期的規矩鏡配列於規矩紋中的圖案除青龍、白虎、朱雀、玄武四神及怪獸、羽人、飛禽外，還出現了菱形、線條等幾何紋飾。幾何規矩鏡主要流行於王莽時期，下限可到東漢初期，較為少見。

新莽・四神規矩鏡

新莽・禽獸規矩鏡

新莽・幾何規矩鏡

至東漢早期，銅鏡上有的規矩紋已大大簡化。這些簡化了的銅鏡規矩紋的三種符號（T、L、V）並不同時出現，而只是出現一種或兩種，且整個紋飾佈局和內容也隨之簡化，有的簡化成圓鈕座外只有四個「T」形、四乳和簡單的線條，有的簡化為方框外只有四個「T」形和「V」形及簡單線條，更有簡化到僅有「□」形符號。簡化規矩鏡在王莽時期已經出現，主要流行於東漢早中期，在南方地區可至東漢晚期。

東漢・簡化規矩鏡

（三）東漢中晚期銅鏡（公元 57 年─220 年）

東漢中晚期銅鏡上的銘文種類繁多，內容豐富。常見的銘文有「尚方」銘、「善銅」銘、姓氏銘和紀年銘等，並出現了地支十二字和七言韻語。如「尚方作鏡真大巧，上有仙人不知老，渴飲玉泉饑食棗，壽而山石天之保」和「漢有善銅出丹陽，和以銀錫清且明，青龍白虎掌四方，朱雀玄武順陰陽」等，都是當時最流行的銘文。

這一時期流行的銅鏡有多乳禽獸紋鏡、連弧紋鏡、變形四葉紋鏡、神獸鏡、畫像鏡、夔鳳紋鏡、龍虎鏡、龍鳳紋鏡、對鳥紋鏡等。

1. 多乳禽獸紋鏡

多乳禽獸紋鏡多圓形，圓鈕座或四葉紋鈕座；鈕座外五至八乳不等；邊緣飾以三角鋸齒紋、雙線波紋或雙線三角紋、流雲紋。多乳禽獸紋鏡以七乳為最多，即以七枚大乳釘劃

分區段，間飾「四靈三瑞」，即青龍、白虎、朱雀、玄武及祥瑞之物如仙人、鳳、鳥等，故古人又稱其為「七子鏡」。有的多乳禽獸紋鏡除主紋外還有銘文帶，銘文又有「尚方」銘和姓氏銘等。

東漢‧五乳禽獸紋鏡

東漢‧六乳禽獸紋鏡

東漢・七乳禽獸紋鏡

東漢・八乳禽獸紋鏡

2. 連弧紋鏡

連弧紋鏡主題紋飾為內向連弧紋；扁圓鈕，柿蒂紋鈕座，寬平緣。連弧紋鏡鈕座四葉間有的配置「長宜子孫」「君宜高官」「長生宜子」四字銘文，有的在連弧內角配置四字

或八字，如「壽如金石」「位至三公」「壽如金石君宜高官」等與鈕座內的銘文相對，這些銘文的字體多為長腳花式篆。

東漢・君宜高官連弧紋鏡

東漢・長宜子孫連弧紋鏡

3. 變形四葉紋鏡

變形四葉紋鏡多圓鈕或獸鈕；四葉紋鈕座向外呈放射狀延伸成四蝙蝠形，將鏡背分成四區，四區內配置禽獸紋。變形四葉紋鏡四葉的四角有的添加銘文，銘文多為「位至三公」「君宜高官」或「長宜子孫」等；有的外區環繞一周銘文，多為「尚方」銘或紀年銘等。變形四葉紋鏡可分為變形四葉獸首紋鏡、變形四葉夔紋鏡和變形四葉鳳鳥鏡等，主要流行於東漢晚期桓帝、靈帝時期。

東漢中期以後，南北方流行的銅鏡類型出現了明顯差異。當時，南方盛行浮雕技法，突破了漢式鏡中常見的單線勾勒紋飾輪廓「線條式」技法，使主題紋飾高低錯落、層次分明、活潑自然、形象生動，開創了銅鏡紋飾高圓浮雕技法的先河。這一時期銅鏡所表現的紋樣主要有神人、龍虎禽獸、車騎、歌舞、歷史人物等。

東漢・變形四葉獸首紋鏡

東漢・變形四葉夔紋鏡

東漢・變形四葉鳳鳥鏡

4. 神獸鏡

神獸鏡表現的紋樣主要有神人、龍虎禽獸等。根據配列方式，神獸鏡又可分為階段式、環繞式神獸鏡兩類。有的神獸鏡上有直行銘文「君宜高官」及銘文帶，以紀年銘為多。

階段式神獸鏡又稱重列式神獸鏡，指神像紋樣自上而下分層排列，以五段式為最多，三段式次之。神獸鏡無論以哪種排列方式，其主神都有東王公、西王母等。

東漢‧重列神哭鏡（五段式）

東漢‧重列神獸鏡（三段式）

東漢・環繞式神獸鏡

5.畫像鏡

　　畫像鏡多圓鈕，連珠紋鈕座；鏡緣飾以三角鋸齒紋、流雲紋、禽獸紋等。畫像鏡一般以四個乳釘分成四組，環繞排列，有的有銘文帶，銘文有「尚方」銘及姓氏銘。畫像鏡題材廣泛，根據紋飾內容可分為神人車馬畫像鏡、神人神獸畫像鏡、四神禽獸畫像鏡和歷史人物畫像鏡等，其中紋樣最華麗的是神人車馬畫像鏡。

東漢・神人車馬畫像鏡

東漢・神人神獸畫像鏡

東漢・四神禽獸畫像鏡

　　畫像鏡中的歷史人物最常見的是伍子胥。此類鏡中伍子胥畫像旁通常刻有「忠臣伍子胥」五字。

東漢・伍子胥畫像鏡

6. 直行銘文雙夔（鳳）紋鏡

　　東漢中期以後，銅鏡紋飾佈局又有了新的變化。這一時期銅鏡的紋飾佈局設計採用對稱於鏡的圓面直徑、夾鈕座左右排列的所謂「軸對稱」式佈局格式，紋飾銘文也作鈕座上下方直行排列，從而突破了之前以鏡鈕為中心的環繞式排列即所謂「心對稱」式佈局格式。此期銅鏡紋飾仍以奇禽異獸為主，銘文亦是當時流行的「君宜高官」「長宜子孫」

東漢・位至三公雙鳳紋鏡

東漢‧君宜官長宜子雙夔紋鏡

「位至三公」之類企求仕途通達、家族興旺的短鏡銘。夔鳳紋鏡是這一時期銅鏡的主要鏡類，流行於東漢中晚期。

7. 龍虎鏡

龍虎鏡的大圓鈕在鏡背佔據主要位置，其上龍虎多為高浮雕，渾圓舒轉。龍虎鏡外區有的還有銘文帶，有的外緣配置齒紋、波紋、獸紋。龍虎鏡分為盤龍鏡、龍虎對峙鏡、龍虎環繞鏡、二龍奪珠鏡等，主要流行於東漢晚期。

盤龍鏡　盤龍鏡鏡面一條龍張口屈身盤曲，身軀的一部分疊壓在鈕下。

東漢‧盤龍鏡

龍虎對峙鏡　龍虎對峙鏡鏡面往往配以一對或兩對龍虎相互對峙。

東漢・龍虎對峙鏡

龍虎環繞鏡　龍虎環繞鏡鏡面或兩龍一虎，或三虎，或三龍環繞鏡鈕排列。

東漢・三虎環繞鏡

二龍奪珠鏡　二龍奪珠鏡鏡面常以二龍夾鈕相對。

東漢・二龍奪珠鏡

（四）特種工藝鏡

1. 彩繪鏡

　　1963年，陝西西安西北郊紅廟村出土一面西漢早期連弧紋彩繪鏡。這面彩繪鏡形制圓形，弦鈕，圓鈕座，座底塗有朱紅色；鏡內區淡綠色底上繪雲氣紋，間以紅色花卉；外區

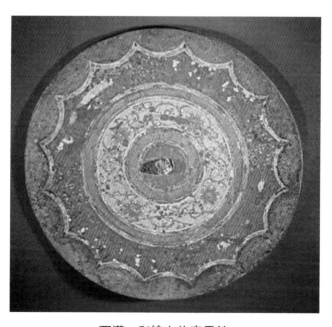

西漢・彩繪人物車馬鏡

朱紅色雲紋底，上繪四個圓璧形圖案，其間繪有樹木花草及人物車馬。這面以「出行」「狩獵」為主題的彩繪鏡，出自西漢帝都，為西漢早期難得珍品。

2. 錯金銀鏡

現藏日本千石唯司的錯金四靈規矩紋鏡，為東漢時期銅鏡。該紋鏡形制圓形，直徑16.4公分；主題紋飾為四靈，即青龍、白虎、朱雀、玄武，其間繪有雲紋。

湖南常德南坪2號東漢墓出土的一面錯金流雲規矩紋鏡，形制圓形，直徑11公分。

東漢・錯金四靈規矩紋鏡

東漢・錯金流雲規矩紋鏡

3. 金銀箔貼花鏡

湖南長沙黑槽門2號新莽墓出土的一面金箔規矩紋鏡，直徑18.5公分，鏡背貼極薄的
金箔。

新莽・金箔規矩紋鏡

4. 鎏金鏡

1978年湖南長沙楊家山304號墓出土的西漢鎏金規矩紋鏡，1952年湖南長沙伍家嶺新
莽墓出土一面鎏金「中國大寧」鏡，都是當時具有代表性的鎏金鏡。

西漢・鎏金規矩紋鏡

新莽・鎏金中國大寧鏡

漢代銅鏡較戰國銅鏡厚重；鏡鈕主要為半圓形，東漢中期以後，鏡鈕普遍加大；鏡緣多為寬厚的直平緣。漢代銅鏡邊緣上的鋸齒紋、雙線波紋、雙線三角紋、流雲紋是區分戰國和唐以後銅鏡的重要標誌。

四、三國兩晉南北朝時期銅鏡（公元220年－589年）

三國兩晉南北朝是中國歷史上一段基本處於分裂的時期。由220年曹丕強迫東漢漢獻帝禪讓，建立曹魏開始，到589年隋朝滅南朝陳而重新統一，共369年。這一時期銅鏡基本沿襲漢鏡的樣式，種類不多，創新極少。由於政治上分裂割據，加之戰爭頻繁，南北方的經濟發展很不平衡，銅鏡工藝有著明顯的地域性差異。北方銅鏡工藝發展緩慢，鑄造粗糙，銅鏡的花紋趨向簡單、變形；南方由於社會相對穩定，經濟比較發達，銅鏡工藝有重大發展，鑄造的銅鏡花紋比北方鏡花紋精細、複雜。這一時期，南方銅鏡以神獸鏡流行最廣，其次是變形四葉紋鏡和直行銘文雙夔（鳳）鏡，還有連弧紋鏡。由於受佛教傳播的影響，當時銅鏡紋飾中還出現了佛像圖紋，佛教藝術也得以在銅鏡工藝中大放異彩。

1. 神獸鏡

重列神獸鏡是東漢晚期長江流域出現和流行的新鏡類，進入三國時期，此種鏡類在孫吳境內繼續發展。與漢式鏡相比，神獸鏡上神獸形態較小，排列錯落有致，各階段線條劃分也較鮮明。

三國・重列神獸鏡

南北朝・重列神獸鏡

環繞式神獸鏡以四神四獸為其主要表現形式，此外，還有二神四獸鏡。有的環繞式神獸鏡將一神變成鳳鳥，使圖案變為三神一獸一鳳鳥；鏡上神人的形態有的配上雙獸，有的配上雙禽。有的神獸鏡上神獸圖像外環繞數目不等的半圓方枚帶，有的方枚中間有銘文，銘文字數不等；有的神獸鏡外區為一圈銘文帶。

三國·環繞式神獸鏡

2. 變形四葉紋鏡

東漢後期出現的變形四葉紋鏡，在魏晉南北朝時期繼續流行。這一時期變形四葉紋鏡的主紋除獸首外，也有飾鸞鳳紋者，以對鳥為多。有的變形四葉紋鏡四葉瓣內或連弧內還配置禽獸紋。

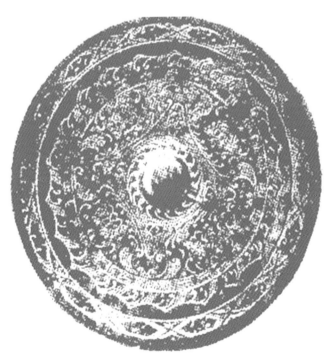

魏·變形四葉獸首紋鏡

晉・變形四葉八鳳紋鏡

3. 直行銘文雙夔（鳳）紋鏡

東漢時期出現的夔鳳紋鏡，在魏晉南北朝時期繼續流行，且以直行銘文雙夔（鳳）紋鏡為多。鏡面上的直行銘文除常見的外，還有「君宜」「王至」等。

晉・位至三公夔鳳紋鏡

4. 瑞獸鏡

　　瑞獸鏡形制圓形，鈕外瑞獸與方格相間，方格內有四字銘文或一字銘文。瑞獸鏡根據其獸與方格的不同，可分為四獸四方格、三獸三方格等形式。此外，還有一種瑞獸鏡內區龍虎夾鈕相峙，外區五方格與禽、獸、鳥等相間環繞，素寬緣。

南北朝・瑞獸鏡

5. 佛像鏡

　　佛像鏡名以佛像和模仿佛像的神仙像代替神獸鏡中的神仙圖像，或代替變形四葉紋的葉瓣，或連弧紋緣中有佛像或飛天像。佛像的出現是三國時期吳鏡的一個新特徵。

三國—西晉・畫紋帶佛獸鏡

西晉・八鳳佛像鏡

　　三國兩晉南北朝時期銅鏡形制均為圓形，圓鈕座。這一時期銅鏡的鏡鈕仍凸出，在鏡背面佔有很大空間，其最大特點是鈕矮扁，頂部近平。這種大而扁圓的鏡鈕，始見於東漢末年，盛於三國，衰於南北朝，具有鮮明的時代特徵。這一時期的銅鏡胎質較漢鏡輕薄，鏡體也大為減小。南朝時還出現了小型鏡，直徑大多5公分左右，有的直徑僅3.2公分。鏡緣多呈斜坡形，幅度比漢鏡要大。

　　這一時期銅鏡上紀年銘文繼續流行，字體風格與漢代相近，但筆道較細。銘文常鑄在鏡背面圖案中的方格上，一至四字不等，往往幾個方格上的文字，可順讀成句。其鏡緣上的銘文字淺，且多數鑄造不精。

五、隋唐時期銅鏡

　　隋唐是繼漢之後又一個銅鏡蓬勃發展的黃金時期。經過南北朝的動亂，隋的大統一使中國進入了封建社會政治經濟相對穩定的發展時期。這一時期，銅鏡紋飾一方面沿襲了漢鏡的某些傳統元素，另一方面又出現了與漢鏡明顯不同的新元素。

　　唐代是中國封建社會的繁榮時期，唐朝時期不僅國家強大、經濟文化空前發達，而且對外交流頻繁，文化藝術極其繁盛。唐銅鏡不僅在冶煉鑄造技術上達到新水平，而且在形制和紋飾上也有很大的突破和創新。唐銅鏡造型除圓鏡、方鏡之外，還出現了菱花鏡、葵花鏡、有柄鏡等新鏡形，同時製作出了金銀平脫鏡、嵌螺鈿鏡、金背鏡、銀背鏡等特種工藝鏡。這一時期中國銅鏡的發展達到鼎盛階段。

(一)隋至初唐時期銅鏡(公元581年──649年)

隋和初唐時期銅鏡基本沿襲前制,造型多為圓形,半圓形鈕;鈕座多為連珠紋和柿蒂紋;分區配置紋飾;緣內側多飾鋸齒紋。隋鏡紋飾繁縟,圖案講求對稱,並常設置界格。靈異瑞獸仍然是這一時期銅鏡的主要題材,四神、十二生肖、瑞獸等圖紋較為常見。

1.四神鏡

四神鏡形制圓形,圓鈕;內區沿襲漢鏡的「規矩配置」,即由大方格和V紋分成四區,每區分置一神,四神是漢鏡中已出現的青龍、白虎、朱雀、玄武的形象;有的無方格和V紋,但四神仍分置於四方;外區為銘文帶;有的鏡背分成三區,外有一周禽鳥瑞獸紋。

隋・四神鏡

2.四神十二生肖紋鏡

四神十二生肖紋鏡形制圓形,半圓形鈕;鈕座外青龍、白虎、朱雀、玄武四神分四方配置;外區環繞十二生肖,外圍以鋸齒紋環繞一周。這一時期銅鏡外區上的十二生肖不同於漢鏡中的十二辰銘文,多是日常生活中的動物形象。

隋・四神十二生肖紋鏡

3.十二生肖紋鏡

十二生肖紋鏡形制圓形，實心連珠紋鈕座，鈕座外有的圍以銘文圈；內區為曲折盤繞的變形忍冬紋，外區有斜立雙線截成的十二格，格內分置十二生肖圖像，十二生肖禽獸之狀均為浮雕式，而且都作活潑的跳躍姿勢。

隋・十二生肖紋鏡

4.瑞獸紋鏡

　　瑞獸紋鏡主題紋飾為各種形態的獸，以四獸為多。早期瑞獸紋鏡多瑞獸銘帶鏡，四瓣花紋鈕座外有雙線方格，形態各異的四獸「規矩配置」於四方，主紋外以雙線高圈與銘文帶相隔。銘文內容更早一些多為祈禱長壽、高官的吉祥語，稍後為頌揚銅鏡功能、閨閣整容的銘名。這一時期銅鏡紋飾上的靈異瑞獸不再是漢鏡中常見的青龍、白虎等，時代稍早者多柿蒂紋和連珠紋鈕座，內區瑞獸規矩配置，似虎似豹；較晚者多素圓鈕座或無鈕座，內區瑞獸似狐似狼，繞鈕奔跑。外區不見銘文帶而以花草紋帶代之的，為瑞獸花草鏡；外區環繞十二生肖的，為瑞獸十二生肖紋鏡。

隋・瑞獸紋鏡

隋・瑞獸十二生肖紋鏡

(二)唐高宗至唐德宗時期銅鏡(公元649年—805年)

銅鏡工藝於盛唐中唐時期獲得了重大發展。這一時期銅鏡的製作更為精緻,紋飾更為綺麗,出現了大批創新品種。

這一時期是中國銅鏡新形式、新題材、新風格由確立到成熟的時期。此期銅鏡的形制突破了傳統的圓形、方形,出現了菱花形、葵花形等各式各樣的新的花式鏡。

銅鏡的主題紋飾由瑞獸逐漸向花鳥轉變,植物紋飾豐富起來,經歷了靈異瑞獸、瑞獸禽鳥、花鳥、花卉等幾個階段。此外,民間故事、神話傳說、歷史逸聞及社會題材也大量出現在銅鏡中。將現實生活場景納入銅鏡作紋飾圖案,是唐鏡的一個重要特徵。

這一時期的銅鏡主要有以下幾種。

1. 瑞獸葡萄鏡

瑞獸葡萄鏡又名「海獸葡萄鏡」「海馬葡萄鏡」。瑞獸葡萄鏡上被稱為海獸、海馬、瑞獸的動物就是獅子,古人稱「狻猊」。西漢武帝時期,張騫出使西域後,獅子等珍貴動物被引進中國。此期銅鏡中的獅子重點表現了獅子的頭部。瑞獸葡萄鏡流行於唐高宗時期,以武則天時期最盛。瑞獸葡萄鏡是唐墓中出土的一種主要鏡型,是唐代銅鏡圖案紋飾由瑞獸向花鳥和植物紋飾轉變的產物。瑞獸葡萄鏡早期內區出現瑞獸與葡萄紋的組合,瑞獸仍然呈繞鈕奔跑狀,後來逐漸發展成為瑞獸俯仰攀緣葡萄紋的典型形式。

唐・瑞獸葡萄鏡(1)

唐‧瑞獸葡萄鏡（2）

2. 瑞獸鸞鳥鏡

瑞獸鸞鳥鏡形制有圓形、菱花形和葵花形等，主題紋飾由雙獸和雙鸞組成，菱花形、葵花形的邊緣配置蜂蝶、花卉。

唐‧瑞獸鸞鳥鏡

3. 花鳥鏡

花鳥鏡主題紋飾為禽鳥、花枝。花鳥鏡根據其紋飾的不同，又可分為雀繞花枝鏡和對鳥鏡。

雀繞花枝鏡　雀繞花枝鏡是唐代比較流行的鏡型；形制有圓形、葵花形、菱花形，以菱花形居多；圓鈕，內區四禽鳥同向排列繞鈕，其間配以花枝。菱花鏡的周邊配以蜂蝶花枝，稱雀繞花枝菱花鏡。

對鳥鏡　對鳥鏡主要為葵花形；主題紋飾是二禽鳥左右相對，夾鈕而立；鈕上下配置各種紋飾，除花枝、花苞外，還有月亮、流雲、仙山、禽鳥、花鳥等。對鳥鏡結構變化多

唐·雀繞花枝菱花鏡

唐·對鳥葵花鏡

唐‧對鳥菱花鏡

樣，有二三十種不同的形式，是唐鏡中最為絢麗的鏡型之一。對鳥鏡流行時代大致在盛唐和中唐時期，即唐玄宗至唐代宗前後。

4. 瑞花鏡

　　瑞花鏡形制有圓形、菱花形、葵花形等多種，以葵花形為多；主題紋飾為花朵、花葉、花枝。瑞花鏡上花朵紋是將某些自然形態的花朵藝術處理成裝飾化的花朵紋樣，稱為「寶相花」。瑞花鏡於盛唐及其以後流行。

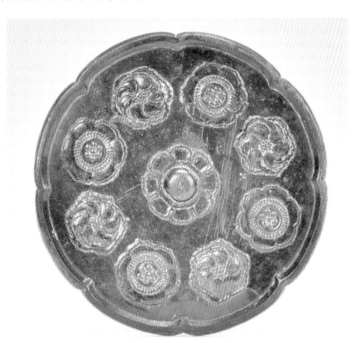

唐‧葵口寶相花鏡

唐・葵口花枝紋鏡

5. 神仙人物故事鏡

神仙人物故事鏡的題材廣泛，包括神話傳說、民間故事、社會生活等諸多內容。神仙人物故事鏡以真子飛霜鏡、飛仙鏡、月宮鏡、三樂鏡等較為常見，此外，還有打馬毬鏡、狩獵鏡等。

真子飛霜鏡　真子飛霜鏡形制有圓形、菱花形、葵花形三種。鏡鈕一側竹林旁一人端坐，置琴於膝，另一側為鸞鳥。鏡鈕下方有荷池，池中有山石、荷葉，一枝碩大的荷葉向

唐・真子飛霜葵花鏡（1）

唐・眞子飛霜葵花鏡（2）

鏡背中心伸展，形成鈕座，葉中突出一龜為鏡鈕。鈕上方有山雲伴月，雲下田字格中銘「真子飛霜」四字，鏡因此得名。有的無銘，僅作祥雲托月。

　　飛仙鏡　飛仙鏡形制有菱花形、葵花形、方形三種。飛仙鏡常見的主題紋飾為仙騎，即有二仙騎獸，間以兩座祥雲仙山，繞鏡鈕同向環列，邊緣飾花草、蜂蝶、流雲紋，相間排列，還有的是四仙人分別騎馬、鹿、鶴、鳳。飛仙鏡另一主題紋飾是飛天，鈕兩側各一飛仙，或兩飛天與雙鶴繞鏡同向環列。

唐・仙人騎獸葵花鏡

唐・仙人騎獸菱花鏡

唐・飛天葵花鏡

　　月宮鏡　月宮鏡形制有圓形、菱花形、葵花形三種，主題紋飾表現的是嫦娥奔月的神話故事，鏡背飾有桂樹、嫦娥、築杵搗藥的白兔以及跳躍的蟾蜍，邊緣飾流雲紋。圓形月宮鏡中有紋飾佈局分內外區者，外區配置四神，較為少見。

　　三樂鏡　三樂鏡又名榮啟奇鏡。三樂鏡圓鈕。左右各飾一人：左側者頭戴冠，左手前指，右手持杖；右側者戴冠著裘，左手持琴。鈕上豎格中銘「榮啟奇問曰答孔夫子」九字。鈕下一樹，素緣。三樂鏡有圓形、葵花形兩種鏡形。

唐・月宮菱花鏡

唐・三樂鏡

　　三樂鏡圖案取材於《列子》上的一段故事。《列子・天瑞》載：「孔子遊於泰山，見
榮啟奇行乎郕之野，鹿裘帶索鼓琴而歌。孔子問曰：『先生所以樂何也？』對曰：『吾樂
甚多，天生萬物，唯人為貴，而吾得為人，是一樂也。男女之別，男尊女卑，故以男為
貴，吾既得為男矣，是二樂也。人生有不見日月，不免繦褓者，吾即已行年九十矣，是三
樂也。』」

　　打馬毬鏡　打馬毬鏡形制菱形；主題紋飾為騎馬打毬，四名騎士各騎一馬，有的高舉鞠仗作搶毬狀，有的俯身向前鞠仗向下作擊毬狀；四馬之間，間以花枝；其外飾黃蜂、花枝紋飾。

唐・打馬毬菱花鏡

　　狩獵鏡　狩獵鏡主題紋飾為獵手騎馬射獵，其間飾鹿、兔、野豬、怪熊等，皆作驚恐逃竄狀；間空點綴花枝蜂蝶，外緣飾翔雀、流雲等紋飾。有的狩獵鏡主題紋飾為騎馬武士持弓揮繩追獵紋。

唐・狩獵紋鏡

6. 龍鳳鏡

龍鳳鏡主題紋飾或為一條張牙舞爪的龍，或為展翅飛舞的鳳，昂揚於鏡鈕之外；鏡鈕不與龍身、鳳身相連，有的龍回首向鈕，成口吞鈕珠狀。龍鳳鏡主要流行於唐代中期，尤以唐玄宗時期為盛。

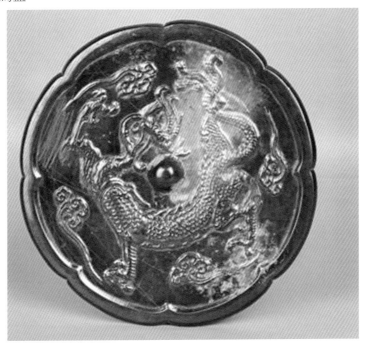

唐‧雲龍紋葵花鏡

唐‧舞鳳紋葵花鏡

7. 舞馬鏡

舞馬鏡於《故宮藏鏡》《上海博物館藏鏡》各收錄一面。舞馬鏡作葵花形，直徑23.9公分，圓鈕；鈕上方為雙雁銜蓮花，鈕的兩側有對稱兩馬，馬鬃飛揚，足踏於蓮花上，張口長嘶，體態健壯；鈕下為蓮，邊緣飾雲朵及蓮枝。

唐·舞馬紋葵花鏡

8. 特種工藝鏡

唐代銅鏡不僅以題材新穎、紋飾華美著稱，而且在鑄製手法上也有許多創新，出現了金銀平脫鏡、螺鈿鏡和貼金貼銀鏡等各種特種工藝製作的銅鏡。

金銀平脫鏡　金銀平脫鏡形制葵花形、圓形，主題紋飾有天馬鸞鳳紋、羽人雙鳳紋、鸞鳥銜綬紋等。其中，以鸞鳳為主題紋飾是金銀平脫鏡的典型特徵。

螺鈿鏡　螺鈿鏡形制圓形。螺鈿鏡根據其主題文飾的不同，可分為螺鈿人物鏡、螺鈿盤龍鏡等。螺鈿鏡大致流行於唐玄宗時期及其稍後一段時期。

1955年，河南洛陽澗西出土一面螺鈿人物鏡。該鏡直徑23.4公分，圓形，圓鈕，背嵌螺鈿圖像；鈕上方一株花樹，樹梢上一輪明月，樹下蹲一貓，兩側各一鸚鵡；二老人夾鏡鈕端坐，一人手持琵琶，一人手拿酒盅，背後立一侍女，雙手捧盒；鈕下有仙鶴、水池，池內和池邊有數只鸚鵡；間空佈滿花瓣。

唐・金銀平脫鸞銜綬鏡

唐・螺鈿人物花鳥鏡

貼金貼銀鏡 貼金貼銀鏡根據主題紋飾的不同，可分為貼銀鍍金山水人物鏡、貼金花鳥鏡、貼銀鳥獸花枝鏡、嵌銀鸞獸鏡等。

唐・貼金花鳥菱花鏡

唐・貼銀鳥獸菱花鏡

（三）唐德宗以後至晚唐時期銅鏡（公元805年—907年）

唐代後期鑄鏡業急劇衰退。其時，富麗堂皇、千姿百態的「盛唐氣象」已經蕩然無存。這一時期銅鏡主題紋飾的造型、佈局和表現技法都不可與盛唐同日而語，其主題紋

飾除簡單粗放的植物紋外，含有宗教意旨的紋飾特別盛行，八卦紋、卍字紋廣泛使用。此期銅鏡的形制有了新的突破，亞字形銅鏡興起並流行，銅鏡藝術風格趨向簡單粗放。

1. 八卦鏡

八卦鏡可分為八卦銘文鏡、八卦十二生肖鏡、八卦干支鏡、八卦雙鸞鏡等。八卦即由乾三連、坤六斷、震仰盂、艮覆碗、離中虛、坎中滿、兌上缺、巽下斷構成的八卦圖像，具有濃厚的道教意味。

唐・八卦銘文鏡

唐・八卦干支鏡

2. 卍紋鏡

卍紋鏡主題紋飾是以鈕為中心作雙線卍紋。有的卍紋鏡還帶有銘文，或在卍紋中排列「永壽之鏡」四字，或在卍紋兩側配置「受歲」二字。「卍」字在梵文中意為「吉祥萬德之所集」，佛教認為它是釋迦牟尼佛胸部所現的「瑞相」，故用作「萬德吉祥」的標誌。武則天長壽二年（693年）制定此字讀「萬」。

唐代晚期是中國銅鏡發展的轉折時期。唐晚期以後，銅鏡藝術日趨衰落，其紋飾、造型、技法都呈現出另一種藝術風格和時代特點。

唐・萬字亞形鏡

六、五代十國時期銅鏡（公元907年─960年）

五代十國是唐末藩鎮割據分裂的延續時期。五代是指北方中原地區相繼出現的後梁、後唐、後晉、後漢、後周五個朝代，十國是指北方的北漢和南方的南漢、南唐、吳、吳越、閩、楚、荊南、前蜀、後蜀十個小國。這一時期，銅鏡的鑄造業開始衰落。銅鏡的鑄造趨向輕薄，工藝趨向粗放。銅鏡的造型除方形、圓形和花形外，亞字形鏡顯得更為流行；鈕變小，外緣微凸。一些銅鏡為素面，有的上有紀年銘，有的鑄有吉祥語或作坊鑄工名。具有西漢鏡特徵的日光銘文鏡及唐式花鳥鏡、八卦鏡等雖少量流行，但圖紋線條較粗。五代十國時期銅鏡以都省銅坊鏡、「千秋萬歲」鏡、花朵紋鏡等最具代表性。

1. 都省銅坊鏡

都省銅坊鏡形制圓形、亞字形，因其鏡背素地上一般鑄有「都省銅坊官匠人某某」銘

文，故被稱為「都省銅坊鏡」。唐末以來，銅鏡鑄造業急劇衰落，由政府設「鑄鑒局」監製，都省銅坊鏡即是這種時代背景下的產物。都省銅坊鏡至北宋時期仍流行。

五代・都省銅坊鏡

2.「千秋萬歲」鏡

「千秋萬歲」鏡形制圓形或亞字形，其鈕上下左右各置一字，組成「千秋萬歲」銘，故名。

五代・千秋萬歲亞形鏡

3. 花朵紋鏡

花朵紋鏡既有單獨的花朵，整個鏡背似一朵盛開的蓮花或荷花，又有各種花叢聚在一起的百花集，且多用淺細浮雕法處理。

五代・花朵紋鏡

五代・葵花紋亞形鏡

七、宋遼金時期銅鏡

　　宋朝分為北宋和南宋。960年後周大將趙匡胤建立宋朝，史稱北宋，1127年靖康之變，北宋滅亡。宋高宗趙構南遷建立了南宋，至1279年被元所滅。兩宋時期，北宋和遼、西夏並立，南宋和金對峙，呈現出複雜的政治局面。這一時期戰爭頻繁，鑄鏡技術的發展受到影響，呈現日趨衰落之勢。

（一）宋代銅鏡（公元960年──1279年）

　　宋代銅鏡鏡體輕薄，其形制除圓形、方形、花形等傳統鏡形外，又新創了桃形、鼎形、爐形、鐘形和雲托月形等多種形制，外形多樣化是宋鏡最重要的特徵。宋銅鏡紋飾題材主要有花卉、花鳥、龍紋、人物故事、吉祥語和商標名號及銘文等，字號商標銘鏡的大量出現是宋鏡的最重要特徵。宋代銅鏡含錫量減少，含鉛量大增，鋅的比例加大，鏡面呈黃色或黃赤色，為黃銅質。這種合金成分一直影響著後世鑄鏡業。

　　宋代的鑄鏡業主要集中在江南，有湖州、饒州、建康、成都等地。其中尤以湖州鑄鏡最為有名，其製品大多專注實用，不尚花紋，產品銷路極廣，產量也較大。

1. 花卉鏡

　　花卉鏡是宋代最重要的鏡類，其題材主要有牡丹、菊花、芙蓉、蓮荷及連錢錦紋等，多採用纏枝、折枝等形式環繞於鏡背。宋花卉鏡寫實性較強，注意細節描繪；用淺浮雕技法，線條纖細秀美，花卉微微凸起。宋花卉鏡以纏枝花草鏡最具特徵。

宋・纏枝花草鏡

2. 花鳥鏡

花鳥鏡是以花鳥為主要題材的鏡類。花鳥鏡中最美的要數雙鳳鏡和雙鸞鏡，其上兩隻鸞鳳羽冠花尾，同向飛翔。花鳥鏡造型似剪紙，多用淺浮雕技法。

3. 神仙人物故事鏡

神仙人物故事鏡是宋代較為流行的一種鏡類，其主題紋飾有仙人龜鶴、月宮人物、羅漢渡海、王質觀棋及飛仙鏡等。神仙人物故事鏡畫面猶如寫意人物山水畫，富有美感。

宋・雙鳳紋方鏡

宋・仙人龜鶴菱花鏡

宋・月宮人物菱花鏡

4. 八卦鏡

宋代是八卦鏡最為流行的時期，鏡面八卦與其他圖紋組合在一起的紋樣非常豐富。宋代八卦鏡主題紋飾主要是八卦、八卦四神、八卦十二生肖等多種圖案，有的八卦鏡鈕座上下置銘文。

宋・八卦菱花鏡

宋・八卦方鏡

5. 商標名號鏡

　　商標名號鏡是宋鏡中最具特點的鏡類。商標名號鏡一般在鏡背素地上標有鑄鏡字號，字號為長方形印章式，方框內豎寫一行或多行銘文。其格式一般是先標明州名，再標明姓或姓名，有極少數銘文還標明店址，最後冠以「照子」或「照子記」字樣。商標名號鏡根據字號可分為湖州鏡、饒州鏡、建康鏡、成都鏡等，其中以湖州鏡出土最多。湖州鏡是宋代最流行的鏡類，主要流行於南宋時期。

宋・湖州鏡

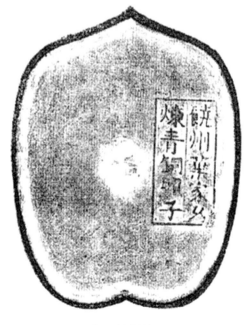

宋・饒州鏡

6. 雙龍鏡

雙龍鏡形制主要有圓形、菱花形、鼎形、爐形等多種，構圖均為兩龍隔鈕相對，龍軀瘦長，蜿蜒於龍頭之上。雙龍鏡流行於南宋時期。

7. 銘文鏡

銘文鏡形制主要有心形、鼎形、菱形、鐘形等。其中，鐘形銘文鏡的鈕上配有圓環，或鐘頂為長方形孔。鏡上銘文多為「煉鐵為鑒，衣冠可正」「正其衣冠，等其瞻視」「匪鑒斯鏡，以妝爾容」等。

從整體上看，宋代銅鏡重實用而不尚花紋，當時人們對鏡子的審美觀念已發生了變化。雖然如此，宋代尤其是北宋時期仍有一批有圖紋的鏡類如纏枝花草紋鏡和神仙人物故事鏡等體現出宋代制鏡匠師的卓越工藝。由於宋鏡一般胎質較薄，故其紋飾多採用細緻入微的細線淺雕表現技法。

宋・雙龍鏡

宋・鐘形銘文鏡

（二）遼代銅鏡（公元907年—1125年）

遼是中國五代十國和北宋時期以契丹族為主體建立的統治中國北部的封建王朝。遼原名契丹，後改稱遼。

遼代由於銅鏡工匠多來自中原北方，故其多數銅鏡風格與五代、宋一致，形制上多圓形、亞字形、葵花形、八邊形，紋飾主要有花卉紋、連錢紋、龜背紋、紀年紋、契丹文等。

遼・鸞鳳花卉鏡

遼・菊花龜背紋鏡

遼‧天慶紀年鏡

遼‧契丹文字鏡

（三）金代銅鏡（公元 1115 年—1234 年）

　　金是中國古代位於東北地區的女真族建立的政權，是當時東北地區的一個強大政權。
隨著銅鏡自唐末五代時期的日趨衰落，金代銅鏡在北國異軍突起，其主題紋飾的多樣化是
唐以後各個時代所沒有的。金代銅鏡形制主要有圓形、菱花形和帶柄鏡等，它匯聚了漢唐
以來銅鏡的精粹，以豐富的內容步入了新的發展時期。其中的人物故事鏡、雙魚鏡、雙龍

鏡、童子戲花鏡等反映了金代銅鏡的藝術特徵。

金代銅鏡的一個重要特徵是有的銅鏡邊緣鏨刻有官府驗記文字和畫押，有的銅鏡除有刻記外，還有鑄制的銘文標明鑄造地點和衙署名稱。即使是民間原有的銅鏡，一般也須經官府檢驗刻字後才准在一定區域裏出售，形成了當時特有的銅鏡邊款銘。

1. 人物故事鏡

金代人物故事類銅鏡的紋飾多以中原地區廣為流傳的典故、民間傳說和逸聞趣事為題材。其中，傳世的有柳毅傳書故事鏡、許由巢父故事鏡、吳牛喘月故事鏡等。

柳毅傳書故事鏡　該鏡紋飾主題取材於民間流傳的柳毅傳書故事，鏡背紋飾表現了洞庭龍君的女兒向柳毅訴說涇陽君虐待她的情景；紋飾分上下兩部分：下部為湖水，上部左側一株大樹，樹下一女一男作對話狀；右側幾隻羊，邊上一人牽馬站立。

金·柳毅傳書故事鏡

許由巢父故事鏡　據古代傳說，帝堯請許由治理天下，由不受。又請擔任九州牧，許由認為污染了耳朵到河邊清洗。巢父牽著牛犢飲水，看到許由在上游清洗耳朵，問明緣由，認為許由沽名釣譽，故作姿態，覺得自己的牛喝了他洗耳的水都受到玷污，牽著牛犢去上游飲水了。該故事鏡取材於上述傳說，其鏡鈕下方飾水波紋，左側一人一手抬至耳邊，右側一人牽牛而立，一手前指，作呵斥狀。

吳牛喘月故事鏡　吳牛喘月故事鏡亦稱犀牛望月鏡，其內容取材於《世說新語·言語》：「滿奮畏風，在晉武帝坐；北窗作琉璃屏，實密似疏，奮有難色。帝笑之，奮答曰：『臣猶吳牛見月而喘。』」吳牛喘月故事鏡紋飾一般分上下兩部分，上部為天空，飾雲托月，下部為河水，一牛或臥或立，翹首望月。還有的吳牛喘月故事鏡採用四分法，鈕上雲托月，鈕下為犀牛和水波，左右飾玉龍紋或二仙人，畫面更顯豐富。

金・許由巢父故事鏡

金・吳牛喘月故事鏡

2. 雙魚鏡

　　雙魚鏡是金代新興的鏡類，也是金代最具特色和最為流行的鏡類。雙魚鏡主題紋飾為兩條鯉魚頭尾相接浮游於水面，雙魚尾鰭翻轉，呈搖頭擺尾狀，周圍飾水波或水草，生動地表現了鯉魚在水中覓食漫游的活潑姿態。

金・雙魚鏡

3. 龍紋鏡

　　龍紋鏡常見有盤龍鏡、雙龍鏡、摩羯龍紋鏡等。龍紋鏡上龍多昂首張口，細頸長尾，四肢三爪，身披鱗甲，形象生動，姿態各異。龍紋鏡中以雙龍鏡數量為最多。

金・雙龍紋鏡

4. 童子戲花鏡

　　童子戲花鏡是金代銅鏡的又一代表，它以小兒活動為主要內容，主題紋飾由不同姿態的小兒和花枝構成。鏡上三五孩童，或俯臥或嬉戲於花枝中，體態活潑，有的還輔以「大定通寶」錢文。童子鏡樣式很多，構圖生動，鏡上童子稚樸有趣，一派祥和氣氛。

金・四童戲花葵花鏡

金・二童玩蓮鏡

八、元明清時期銅鏡

元明清時期，中國銅鏡鑄造業已經喪失了戰國、漢、唐時期銅鏡創造性的活力，特別是明代，出現了大量的仿漢鏡、仿唐鏡。到了清代，由於玻璃鏡的逐漸普及，銅鏡結束了其發展歷程。

(一)元代銅鏡(公元1271年—1368年)

元是中國歷史上第一個由少數民族（蒙古族）建立並統治全國的封建王朝。

元代銅鏡數量不多，且多沿襲宋金銅鏡。形制除圓形和帶柄鏡外，還有菱花形和葵花形，採用六菱花形或六葵花形；鈕有圓鈕、平頂圓鈕、長方形鈕；形體厚重，造型粗拙；常見的紋飾有纏枝花草、雙龍、雙鳳、人物故事、八卦等，紋飾也漸趨簡陋；一般有較大的邊緣突起，圖案為高浮雕；舞臺戲紋鏡、梵文鏡、八思巴文鏡是元代創新的銅鏡紋飾；銘文多吉祥語。

1. 纏枝花草鏡

纏枝花卉是元代銅鏡上常見的紋樣，花卉主要有蓮花、牡丹、菊花、寶相花等，造型技法有浮雕式和淺線條式。

元·雙鳳牡丹紋鏡

2. 人物故事鏡

元代較著名的人物故事鏡為洛神鏡，洛神即洛嬪，為伏羲之女，因渡水而淹死，成為水神。除洛神鏡外，元代人物故事鏡還有帶「至順」年款的福祿壽人物鏡。

元・洛神菱花柄鏡

元・福祿壽人物鏡

3. 鏤雕舞臺戲紋鏡

　　元代鏤雕舞臺戲紋鏡創新了紋飾，其鏡背鏤雕成舞臺造型，臺上五個藝人作演出狀。鏤雕舞臺戲紋鏡再現了當時元雜劇表演情景。

元・鏤雕舞台戲紋鏡

4. 梵文鏡

梵文為元代銅鏡流行的紋飾之一。元代梵文鏡有兩種排列形式：一種鈕上飾梵文，內區飾梵文十六字，外區飾梵文二十字；一種鏡背正中鑄一「佛」字，外圍方欄，方欄內排列梵文一周，欄外列梵文一周。

元・梵文鏡

5. 八思巴文鏡

八思巴文鏡橄欖形鈕，鏡背飾一道弦紋，紋內飾對稱八思巴文「富貴家平」。

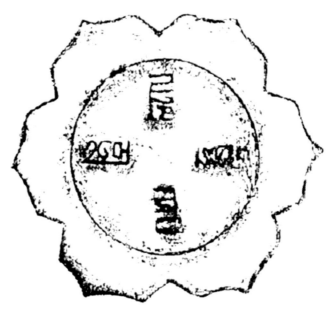

元・八思巴文鏡

6. 銘文鏡

在元代銘文鏡中，還有一部分吉語鏡，如陝西西安曲江池西至元三年墓出土的一面「壽山福海」銘鏡、甘肅漳縣元代汪世顯家族墓葬出土的一面「金玉滿堂」銘鏡等，都是當時有代表性的銘文鏡。

元·壽山福海銘鏡

（二）明代銅鏡（公元 1368 年—1644 年）

明代鑄鏡業比宋元時期興旺發達。在繼承傳統的同時，明代銅鏡在紋飾、銘文等方面都有所創新。明代銅鏡鏡體大而厚重；形制以圓形為主，鈕有圓形、橋形、銀錠形和平頂圓柱形等；銅鏡紋飾題材廣泛，除龍紋、鳳紋、雙魚紋、花卉紋、人物故事紋等傳統內容外，多寶紋和吉語文字成為這一時期最具特色的題材；銅鏡紋飾的表現技法主要有線條式、浮雕式兩種。

明代銅鏡銘種類較多，主要有紀年銘、鑄造者銘或使用者銘等。明代銅鏡中的紀年銘多鑄在鈕的一側，鑄造銘或使用者銘多鑄於鏡背鈕上，且多加「造」「記」「置」等字樣。

1. 龍紋鏡

龍紋鏡是明代最為流行的鏡類。明龍紋鏡上龍紋多為單龍紋，龍首在鈕下方，龍身升騰蜿蜒，翻轉盤曲於鈕右方，肢尾相纏於鈕上方。鏡周圍雲霧繚繞，鈕左側一長方形框內有洪武紀年銘文。

明・雲龍紋鏡

2. 多寶紋鏡

多寶紋鏡在元代已經出現，於明代流行。常見的多寶紋鏡主題紋飾有錢文、銀錠、元寶、祥雲、靈芝、犀角、寶珠、珊瑚、方勝和鼎、磬、小鹿、梅花、捲軸畫等，同時配以仙閣、人物、仙鶴、聚寶盆等圖案。

明・人物樓閣雜寶鏡

明・群仙祝壽雜寶鏡

3. 吉語文字鏡

　　吉語文字是明代銅鏡上最具特色的一種流行紋飾。明吉語文字鏡上字體通常大而規整，除表達長壽、富貴等內容外，還出現了大量與科舉有關的吉語。吉語文字鏡上常見銘文有「五子登科」「福壽雙全」「狀元及第」「喜生貴子」「一品當朝」「長命富貴」「百歲團圓」等，有的還配以吉祥圖案，表達了當時人們內心嚮往美好的願望。

明・五子登科鏡

明‧福壽雙全鏡

明‧鸞鳳和鳴鏡

（三）清代銅鏡（公元1644年—1911年）

　　明末清初，玻璃鏡大量輸入並普遍流行，結束了銅鏡的歷史使命，當時的銅鏡已不再是梳妝和整理衣冠不可缺少的用具。清代銅鏡的鑄造業已十分衰落，這一時期的銅鏡有的鏡鈕已退化為無穿的假鈕；有的只保留銅鏡的形式，完全失去了鑒容的功用。清時民間嫁女還在使用雙喜、百子圖等吉祥圖紋的銅鏡，這類銅鏡多有「湖州薛晉侯造」名款。

清·雙喜帶柄鏡

清·百子圖鏡

　　薛晉侯，字惠公，清代人，有造鏡作坊「薛惠公老店」。所造銅鏡以四字句共十六字銘文「薛晉侯造」方鏡最為多見；鏡為方形，無鈕；四周有凸起的素寬邊，鏡心有四豎行隸書銘文「方正而明，萬里無塵，水天一色，犀照群倫」十六字；銘文後有方章一枚，上有篆體陽文「薛晉侯造」，有的方章上還有一枚圓章，上有篆體陽文「湖郡」。

清・薛晉侯造銘文方鏡

銅鏡的仿古、作偽與鑑別

一、銅鏡的仿古及特徵

　　中國銅鏡的仿古，至晚肇始於銅鏡發展的鼎盛期——唐。20世紀50年代西安東郊韓森寨東南第10號、第59號唐墓分別出土了仿漢式四夔鏡和仿漢式四神鏡。唐代銅鏡仿製的品種不多，且多是在繼承基礎上的仿古。

唐·仿漢式四夔鏡

唐·仿漢式四神鏡

北宋時期人們崇古、好古，形成收藏、研究銅鏡的風氣，開始大量模仿前代銅鏡。漢代的日光鏡、昭明鏡和畫像鏡，唐代的花鳥鏡、雙鳳鏡、瑞獸鏡和八卦鏡在宋時都有仿製。一時之間，仿古之風盛行。

唐・仿漢式八乳規矩紋銅鏡

金時，仿古銅鏡占當時鑄造銅鏡很大比例。

金代銅鏡主要仿漢星雲紋鏡、昭明鏡、四乳鏡、四獸鏡，仿唐瑞獸葡萄鏡，仿宋花卉鏡、湖州鏡等。金仿鏡大多鏨刻有官府驗記文字和畫押。

唐・仿漢家常富貴鏡

明清時期，各時代的銅鏡皆仿，如戰國的蟠螭紋鏡、四山鏡，漢的日光鏡、昭明鏡、規矩紋鏡，唐的花鳥鏡、瑞獸葡萄鏡，宋的人物鏡、湖州鏡，金的雙魚鏡等。明仿鏡大部分在鏡背紋飾間加刻有銘文和字號。

唐・仿漢日光連弧紋鏡

　　清代銅鏡更是首開宮廷仿製之先河。但清銅鏡在仿製中又有創新，其所仿的只是過去銅鏡外在的形體，而具有自己獨特的內在精氣。

　　古人仿古不是以假亂真，而是追覓更古之人的境界。縱觀銅鏡發展歷史，其鏡背的裝飾藝術在漢唐時期最為發達，唐代仿漢鏡、宋代仿漢仿唐鏡以及明清時期的大量仿製古鏡，都是受當時崇古敬古思潮的影響，以及對漢唐時期那些精美銅鏡的喜愛心理。從各時代的仿鏡類型看，漢代的日光、昭明等銘文鏡、規矩鏡、畫像鏡，唐代的海獸葡萄鏡、花鳥鏡，宋代的湖州鏡、八卦鏡等都是後世仿製的重要鏡類，其中，漢代的日光鏡、昭明鏡幾乎歷代皆仿。

二、仿鏡的特徵

　　銅鏡的仿製大體分兩種途徑：一種是用古鏡直接翻模，另一種是仿照古鏡重新制模澆鑄。不同時代的銅鏡，具有其同時期所賦予的不同特徵。仿鏡雖然具有原鏡的特點，但都會或多或少地顯露出其所處時代的風格特徵。

（一）銅質不同

　　各時期的銅鏡在銅合金的配料上比例不同，重量及色澤均有變化。唐鏡含錫量比漢鏡高，銅質比漢鏡緻密，仿鏡重於漢鏡。宋以後銅鏡的合金成分發生重大改變，含錫量減少，含鉛量增多，鋅的比例也加大，故宋代仿鏡較漢、唐銅鏡輕薄許多，質較軟，易變

形。總的來說，漢鏡一般呈銀灰色，唐鏡多呈銀白色且閃亮，宋鏡黃中發紅，金鏡較之宋鏡略泛黃，明鏡黃中閃白，清鏡為黃銅色。

（二）形制不同

唐仿漢鏡，其紋飾雖是漢鏡圖案，有的鏡形卻是唐代的菱花形、葵花形。宋仿漢鏡，鏡形是葵花形或六棱邊形；宋代仿唐菱花形、葵花形鏡，多為六弧。金代仿鏡，鏡緣多有官府簽押。明仿漢鏡有的還帶柄。歷代仿鏡尤其以鈕的差別較大，宋仿鏡為小鈕，金仿鏡為金代特有的窄鼻鈕，明仿鏡多銀錠鈕，清仿鏡鈕頂平且多在鈕上鑄出銘文。

（三）紋飾不同

仿鏡雖以原鏡為範本，但也添加了其他紋飾和銘文。如金仿鏡有的加鑄「大定通寶」錢文，明仿鏡多在紋飾間鑄有年款或工匠名，如「隆慶五年」「陳仲山造」「趙記」「宮」「呂」等。

三、銅鏡作偽的手段及特徵

近代以來，古器物逐漸成為鑑藏家及古董商們追逐的目標，銅鏡的偽造技法更是達到高峰。近年來古銅鏡的收藏越來越為收藏者所關注，仿冒的古銅鏡也開始出現。當代仿製銅鏡的方法主要有翻鑄、改刻、拼裝、臆造等。

（一）翻　鑄

翻鑄仿鏡是指拿真鏡當模的翻造品。這類仿鏡形制大小、紋飾特徵與真鏡相同；紋飾形似，版模低，火氣重，聲音亮脆，鏽易脫落。

（二）舊鏡改造

舊鏡改造是指殘破的古鏡經過加工、打磨、作舊，成為完整的銅鏡；或用古代素鏡，參照同時期的紋飾鏡，改刻後做上鏽。改造的舊鏡，其造型、紋飾比例或多或少會顯出不協調之感。

（三）拼　裝

拼裝銅鏡是指把真品素鏡磨薄，加工一紋飾內芯鑲嵌進去，再在邊緣做上鏽；或用戰國青銅雜件拼裝成戰國鏤空鏡。因這兩種拼裝銅鏡用的是真品，如果做工精細，幾可以假亂真。

（四）臆　造

臆造銅鏡是指完全憑想像而沒有任何依據製作出的仿鏡。這類銅鏡紋飾怪異。

四、銅鏡的鑑別

對中國古代銅鏡真偽辨析的過程實際上就是銅鏡知識訊息的積累和使用的過程。知識

的積累首先是要多看:一是多看專業書籍,瞭解不同時期銅鏡的不同特徵,掌握銅鏡鑑定的基本知識;二是多看銅鏡實物,仔細觀察,理論結合實踐,把不同時期銅鏡的不同特徵熟記於心;三是多看銅鏡資料,選擇正規出版社出版的各大博物館館藏銅鏡圖錄及銅鏡收藏家遺留的拓片,對照已掌握的知識,反覆觀摩。其次是要多學,向專家及有實踐經驗的藏家學習請教,藏家對出土器物看得多,掌握的資料多,並且有深入的研究。有些藏家身上有書本上沒有的判斷銅鏡真偽的經驗與體會。

具體來說,鑑定一面銅鏡的真偽主要有以下幾個步驟。

(一)看　形

首先要看銅鏡的整體形態,不同時期的銅鏡具有那一時期的時代特點,包括形制、紋飾等。假銅鏡一眼看上去就給人以不舒服、不順眼的感覺,這就是收藏界行話裏的所謂「不開門」。

(二)辨　鏽

真鏡的鏽色堅挺自然,層次分明,有銅香味。新仿銅鏡的鏽或是經化學作用後做上去的,或把老銅器上的鏽刮下來用膠粘連在上面。將新仿銅鏡放入水中,會發現其有以下兩個特點:一是有鏽的地方不沾水,是逆水的;二是沾水後會有硫酸味、臭味或銅腥味。

(三)觀銅質

戰國、漢、唐鏡以高錫青銅製造,質地硬脆,銀光瑩瑩。宋以後,銅鏡多以高鉛(鋅)銅製造,銅質軟韌,色紅、黃。這是漢唐多爛鏡、宋金少爛鏡的原因。

(四)上手摸

用手掂量。古銅鏡埋入地下數千年或幾百年,因化學反應,銅質疏鬆,重量變輕。新仿銅鏡上的很多偽鏽是用膠水調和顏料做成,用手就有可能抹掉。不過有些新仿銅鏡上的偽鏽有相對的強度,要用指甲或刀刮削,才能夠辨別。

(五)聽聲音

聽聲音就是透過敲擊銅鏡發出的聲音來辨別真偽。新仿的銅鏡和老的銅鏡在聲音上是有很大區別的。新老銅鏡在製作時,銅、錫、鉛等原料配置的比例不同,其音色也不同。一般來說,真的古銅鏡胎質疏鬆,敲擊聲音喑啞發悶,比較低沉;新仿銅鏡敲擊聲音清脆,有金屬之聲。

(六)聞味道

偽鏡的製作離不開酸鹼等化工原料,因此嗅之有化工原料味。尤其是仿鏡上的假鏽,以火燃之,其燃燒所冒煙氣有強烈的化工味道。而老銅鏡一般有一種銅香味,就是出土後的泥土香味。

參考文獻

〔1〕孔祥星，劉一曼.中國古代銅鏡.北京：文物出版社，1984.

〔2〕孔祥星，劉一曼.銅鏡鑒賞與收藏.吉林：吉林科學技術出版社，1994.

〔3〕周世榮.中華歷代銅鏡鑒定.北京：紫禁城出版社，1993.

〔4〕郭玉海.故宮藏鏡.北京：紫禁城出版社，1994.

〔5〕陳佩芬.上海博物館藏青銅鏡.上海：上海書畫出版社，1987.

〔6〕王世倫.浙江出土銅鏡.北京：文物出版社，1987.

〔7〕湖南省博物館.湖南出土銅鏡圖錄.北京：文物出版社，1960.

〔8〕張英.吉林出土銅鏡.北京：文物出版社，1990.

〔9〕洛陽博物館.洛陽出土銅鏡.北京：文物出版社，1988.

〔10〕四川省博物館，重慶市博物館.四川省出土銅鏡.北京：文物出版社，1960.

〔11〕李懷通，李玉潔.中國銅鏡觀.河南：中州古籍出版社，2010.

〔12〕張慶峰.略談金代的銅鏡文化.才智，2011（13）.

〔13〕宋新潮.中國早期銅鏡及其相關問題.考古學報，1997（2）.

〔14〕田長滸.中國古代青銅鏡鑄造技術的分析研究.成都科技大學學報.1984（3）.

〔15〕王瑋.中秋花月夜，佳鏡共賞時.文物鑒定與鑒賞.2011（9）.

〔16〕童竟範.中國古代銅鏡真偽辨析.收藏家，2005（3）.

〔17〕王光青.中國古代青銅鏡賞析.收藏界，2009（9）.

〔18〕高西省.精美絕倫的戰國特種工藝鏡.收藏界，2009（6）.

〔19〕雷從雲.楚式鏡的類型與分期.江漢考古，1982（2）.

〔20〕傅舉有.戰國漢代的特種工藝鏡.收藏家，2009（3）；2009（4）.

〔21〕李恒賢.試談宋元明銅鏡的鑒別.南方文物，1981（2）.

〔22〕丁孟.唐宋以來銅鏡摹古的特徵及辨偽.東方收藏，2011（4）.

〔23〕楊桂榮.館藏銅鏡選輯.中國歷史文物，1993（1）；1993（2）.

〔24〕楊桂榮.館藏銅鏡選輯.中國歷史博物館館刊，1994（1）；1994（2）；1995（1）；1995（2）；1996（1）；1997（1）.

〔25〕蘇強.明代銅鏡概述.中國國家博物館館刊，2012（4）.

〔26〕劉寧.銅鏡知識三十講.北京：榮寶齋出版社，2004（7）.

〔27〕李學勤，中國美術全集編輯委員會.中國美術全集.工藝美術編.青銅器卷（下）.北京：文物出版社，1986.

後　記

一直以來，我有兩個心願：一是出一部專著，二是學好京劇。但由於工作的繁雜、家務的忙碌加之自身的懶惰，一直沒有付諸行動。

《古銅鏡鑒定與收藏入門》一書的撰寫緣於安徽省博物院新館開館後的工作調整，我從原來煩瑣雜碎的編目工作中解脫出來，終於有了大量的時間。2012年5月，在完成《江淮擷珍》和《安徽文房四寶》兩部圖錄的文字工作後，我便開始著手這部書的撰寫工作。

一位學者曾說：「寫書是一件很累的活。」是的，寫書的個中滋味只有作者自己才能體會。為了放鬆身心、緩解疲勞，我開始實踐第二個願望——學唱京劇。在寫作過程中，每當感到疲憊困乏、精力不濟時，我便打開CD，隨著那抑揚頓挫的旋律放開喉嚨，咿咿呀呀地唱上一段，那種舒心、那種暢快淋漓是他人無法理解、難以體會的。

今日書稿完成，即將出版，我已完成了一個願望。下一個目標是在2019年我退休那年舉辦一場京劇演唱會。為此，我還要加倍地努力、加油！

人生有了目標並親自實踐，腳踏實地、一步一個腳印地向著目標靠近，是一件令人身心愉悅的過程。我正在實踐並享受著這個過程……

在寫作此書的過程中，我得到了很多人的鼓勵、支持和幫助。他們中既有我的老領導、老同事、老同學，也有剛剛結識的新朋友，他們是我的良師益友。沒有他們的那些哪怕只是言語上的激勵，我可能都難以堅持並完成這本書。

感謝他們！也感謝我們的國粹——京劇，不僅僅是她優美的唱腔讓我心醉，她的唱詞更助我感悟人生！

再次感謝，從心底裏。

郝顏飛

歡迎至本公司購買書籍

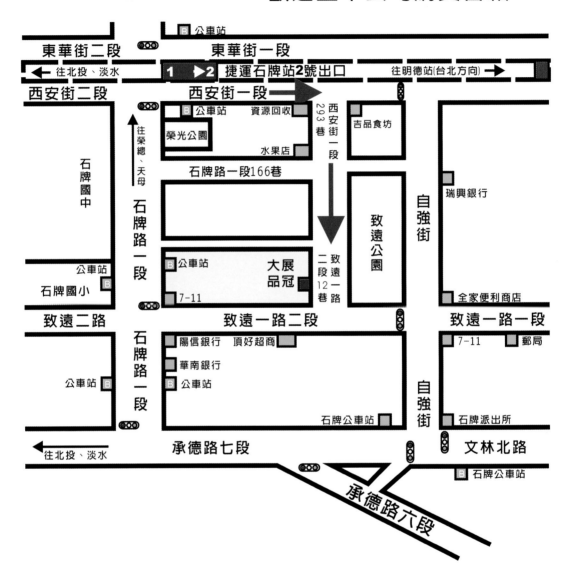

建議路線

　1.搭乘捷運．公車

　　　淡水線石牌站下車，由石牌捷運站2號出口出站(出站後靠右邊)，沿著捷運高架往台北方向走(往明德站方向)，其街名為西安街，約走100公尺(勿超過紅綠燈)，由西安街一段293巷進來(巷口有一公車站牌，站名為自強街口)，本公司位於致遠公園對面。搭公車者請於石牌站(石牌派出所)下車，走進自強街，遇致遠路口左轉，右手邊第一條巷子即為本社位置。

　2.自行開車或騎車

　　　由承德路接石牌路，看到陽信銀行右轉，此條即為致遠一路二段，在遇到自強街(紅綠燈)前的巷子(致遠公園)左轉，即可看到本公司招牌。